"鬼デイトレ" ガチ速FX

27分で256万を稼いだ

もっと正確にいうと27分5秒で256万7690円

ガチプロFXトレーダー 及川圭哉

ぱる出版

まずは、僕が日々、ガチで行っているトレードの一例をご覧ください。
次の取引は、YouTube にもアップしてるもの。
「難しそう…」「理解できない…」と思った人、ご安心ください。
「これ以上やさしく書けない」っていうくらい本編で教えますから。
最後まで読んだあと、この「実録」を読み返しましょう。
約束します。
あなたが、ビックリするほど僕の手法を身につけていることを。

※本書インジケーターのダウンロードは、MT4 システムとスマートフォンの保有が前提です。
　あらかじめ、ご了承ください。

2018年12月13日、池袋某所

ガチ速！僕はたった27分で 256万円稼いだ

　2018年12月13日16時30分、僕は池袋駅にほど近い、家賃25万円のタワーマンションの一室で、いつものようにパソコンの電源を入れた。
　立ち上がったPCのデスクトップには、FXトレーダーにはおなじみのトレードツール「MT（メタトレーダー）4」のアイコンがある。クリックすると、僕が開発したインジケーター「天才チャート」の画面が浮かびあがった。すぐに、通貨ペアのタブを次々とクリックしていく。

10通貨ペアを比較して、最強・最弱ペアを探す

　日本円と米国ドルの交換レートであるドル円の5分足チャートに始まり、ユーロ円、ポンド円、オージー（豪ドル）円の「円シリーズ」、ユーロドル、ポンドドル、オージー（ドル）ドルの「ドルシリーズ」、ポンドオージー、ユーロオージーの「豪ドルシリーズ」、そして「ユーロポンド」の欧州通貨同士。
　FXとは、表示された為替レートで一つの通貨をもう一つの通貨に交換（両替）する取引のこと。取引する2つの通貨は「ペア」と呼ばれる。**まずは、どの通貨ペアを取引するか選び、その通貨ペアの為替レートが上がると思ったら買い、下がると思ったら売る**。ドルを円に交換するドル円、ユーロを円に交換するユーロ円の値動きの裏では、ドルをユーロに交換する

ユーロドルの取引も行われている。

　一見バラバラに見える各通貨ペアの動きは、実は「パズル」のように、それぞれが複雑にからみ合っているのだ。ドル円、ユーロ円、ポンド円、ユーロドル、ポンドドル、ユーロポンド…と一瞬のうちに、各通貨ペアが「今、上げているか下げているか、大きく動いているか、それとも小動きか」を観察し、その動きの違いから「どの通貨が今、一番強そうで、逆に一番弱そうな通貨はどれか？」を瞬時に判断していく。

　10通貨ペア（図1）の値動きを見比べて、「強い通貨を買う、もしくは、弱い通貨を叩き売る」のが僕のFXの手法。日本円のからまないポンドドル（英ポンドと米ドルの交換）とか、ユーロオージー（ユーロと豪ドルの取引）も立派な取引のターゲットになる。

「ポンドオージー？　ユーロポンド？」

　初心者は頭がこんがらがりそうになるかもしれない。でも、それは、ちょっとした"慣れ"の問題。安心してほしい。

図1　及川式FXに登場する10の通貨ペアとは?

🔴 **円シリーズ**	米ドル円　　　　ユーロ円 ポンド円　　　　オージー円	
🇺🇸 **米ドルシリーズ**	米ドル円　　　　ユーロドル ポンドドル　　　オージードル	
ユーロシリーズ	ユーロ円　　　　ユーロドル ユーロポンド　ユーロオージー	
ポンドシリーズ	ポンド円　　　　ポンドドル ユーロポンド　ポンドオージー	
オージーシリーズ	オージー円　　　オージードル ユーロオージー　ポンドオージー	

たとえば、ドル円もユーロ円も上がっていて、ユーロドルが下がっていれば、3つのうちで一番強い通貨はどれ？

答えはドルになる。逆に一番弱い通貨は日本円だ。だったら狙い目はドル円買いになる。パズルを解くように、からまり合い、もつれあって、こんがらがった通貨ペアの網の目を、慎重に素早く、ほどく。そうすれば、1秒ごとにレートが目まぐるしく変化する為替市場の中で、「最善の一手」にたどりつくことができる。

その日の夕方、時刻は16時32分――僕が注目したのは、1日前の12月12日から上昇に転じていたポンド円、ポンドドルだった。

2つの通貨ペアは、12日の日本時間深夜に上昇モードがピークに達したあと、午前中の東京市場が始まってからは、もみ合いに転じた。しかし、今まさに、もみ合い相場の高値を突破して再上昇に転じている。

図2はトレード前後のポンド円の5分足チャート。ポンド円は5分足チャートの上位足にあたる15分足チャートの150分移動平均線（本書では

図2　2018年12月13日、ポンド円のエントリーポイント

実録FXドキュメント　ガチ速！僕はたった27分で256万円稼いだ

「10本MA」もしくは単に「MA」と呼ぶ）を、16時に入ってから上に抜けたあと、もみ合いの高値ラインもブレイクしてきた。僕がエントリーしたのは図のAのポイント。もう少し早く入ってもよかったが、上昇モードに入ったポンド円が直近高値を越えて、上昇に弾みがついた地点だ。

このとき、僕の頭には、円、ドル、ポンド、ユーロの複雑にからみ合った値動きの相関図が頭の中にイメージできている。

この時間帯の各通貨ペアの値動きは、ポンド円、ポンドドルが上昇を開始。他の通貨ペアといえば、ドル円は少し下げ気味、ユーロ円は一貫して上昇。そんな中、16時を過ぎたころから、**図3**のようにユーロポンドが下げてきていた。

つまり、ポンドとユーロという欧州2大通貨が円とドルに対して上げていて、さらにポンドとユーロを比べると、ポンドが急に強含み16時以降、4つの通貨の中で最強になったのが、図3の示す値動きなのだ。

たった2分間の判断で、マウスを握った僕の指が瞬時に動く。

図3　2018年12月13日16時以降の通貨ペアの相関関係

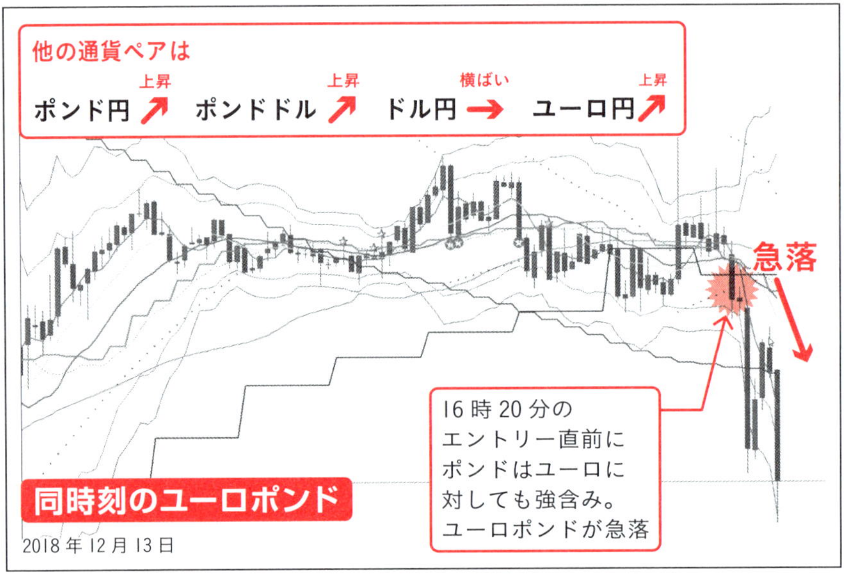

他の通貨ペアは

ポンド円 上昇 ↗　ポンドドル 上昇 ↗　ドル円 横ばい →　ユーロ円 上昇 ↗

急落

同時刻のユーロポンド

2018年12月13日

16時20分のエントリー直前にポンドはユーロに対しても強含み。ユーロポンドが急落

僕ら及川組が独自開発した発注ソフト「プロコントローラー」でポンド円、ポンドドルに各60ロットの買いを入れた。

　僕が使っているのは、いまだ500倍以上のレバレッジをかけられる海外FX会社の法人口座。取引の最低単位である1ロットは、通常の国内FX会社の10倍の10万通貨という途方もない取引量になる。

　その10万通貨を60ロット分、つまり600万通貨、総額8億円を軽く越えるポジションといえば、個人トレーダーとしてはかなりの資金量。

　しかし、僕は迷わない。ここだと思った場面では、ためらいのかけらもなく、即座に取引を始める。

「ボン、ボン、ボン、ボン」

　パソコンから約定（取引成立）を示す、ひび割れた電子音が流れる。

　ポンド円の約定価格は143.333（143円33.3銭のこと、今後は数字のみに省略）、ポンドドルが1.26362（1ドル26.362セント）。ポンド円だけでも143円かける600万通貨だから、8億5800万円の取引だ。

　プロコントローラーを使えば、わざわざ入力しなくても約定レートの20pips上に利益確定の決済注文、20pips下に逆指値の損切り決済注文が発注される。

　僕のポンド円ロングの約定ポイントは5ページの図2に示した通り。本来はレンジ相場の上限を抜けた直後で入りたかったが、ポンド円上昇の勢いがすごく、かなり高値での約定になった。

　約定時間は16時32分。17時までまだ20分以上ある。

「世界時計」からテクニカル効きやすい時間帯を割り出す

　僕の頭の中には、これまた瞬時に日本が何時だったら、ロンドンが今、何時で、ニューヨークが何時かがわかる「世界時計」がインプットされている。日本時間の16時30分といえば、冬時間の欧州との時差は9時間なので、ロンドン市場は朝の7時30分。世界で最も取引量の多いロンドン市場のトレーダーたちが続々と出勤を終え、本日しょっぱなの朝イチト

レードを始めたばかりの時間帯だ。

そこから日本時間の17時、つまり欧州時間の朝8時に向けては、青い目のトレーダーたちが濃い目のコーヒーを飲んで、大挙してFX市場にむらがり始める "もっとも忙しい" 時間帯になる。

市場参加者が増えれば増えるほど、為替相場はテクニカル通りに動きやすい。それが僕の持論。

時間帯を意識したトレード、これも僕のトレードの生命線なのだ。

冬時間の欧州でFXの取引が始まったばかりの日本時間16時から17時は、まさにテクニカルが一番効きやすい「新しい時間帯」。

これまで日本市場でもみ合っていた通貨ペアが欧州市場開始すぐに、日本時間の値動きの上限や下限を突破したとき、そのブレイクは少なくとも30分は続くはず。たった2分の通貨ペア見比べで、僕は「欧州時間の取引開始後に、一番伸びるのは、ここ1日、ユーロ最強の中で、そのユーロを上回る勢いが出てきた同じ欧州通貨のポンド」と判断した。

図4　2018年12月13日ポンドドルのエントリーポイント

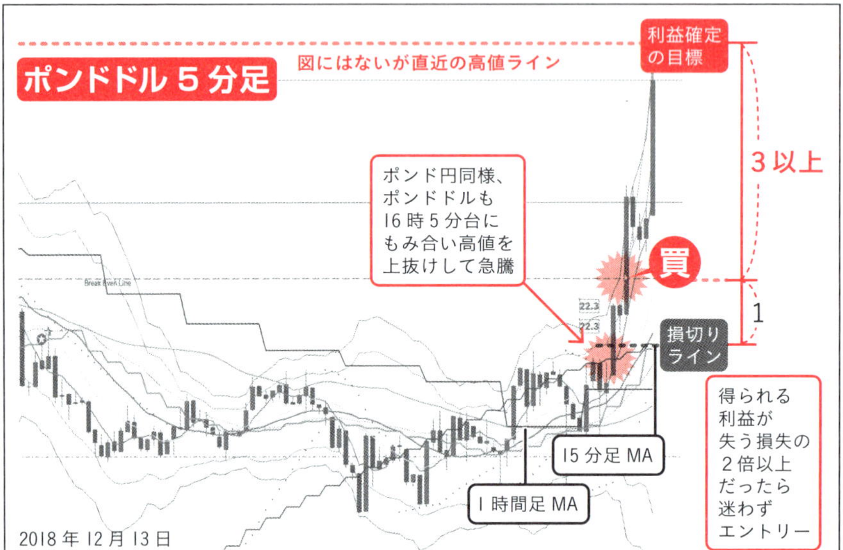

リスクリワードが「フィーバー」のときにエントリー

　前ページの**図4**はポンドドルの値動きだが、こちらもポンド円同様に、もみ合いをブレイクしたところで買って、前回高値近辺まで伸びたら利食い、下支えする上位足の移動平均線（15分足チャートの10本MA）にタッチしたら損切りというトレードプランで勝負した。このトレードで想定される利益と損失の比率は図に示した通り、およそ3:1。

「リスクに対するリターンの割合を示すリスクリワードが合っていれば、なにをやってもいい」

　これもまた僕のポリシーだ。パチンコでいう「フィーバー」というか…。とにかく、僕はポンド円、ポンドドルの欧州時間しょっぱなの高値ブレイクをいつものようにきっちりモノにした。ポンドドルの5分足チャートも、僕が設定した利益確定ポイントに向けてまっしぐらに伸びていく。

　大陽線——買いで勝負したトレーダーにとって、それはもっともおいしい"ごちそう"だ。

「ボン、ボン」

　まるでタケノコが伸びるように、上へ上へ伸びたポンド円は、僕が設定した利確ポイントに達して決済された。合計600万通貨で20pipsなので、儲けは120万円。

　一方のポンドドルは、ドル円の弱さがたたったのか、設定した利確ポイントに届きそうで届かない。

　パソコンの画面上に表示した日本時間の時計の針がじわじわと進み、17時まで1分を切った。

　また、FX市場で新しい1時間が始まる直前だ。それは、世界中のトレーダーが血眼になって見ている1時間足チャート上に、もう1本新しいローソク足が生まれることを意味する。

「〇〇時ちょうど」という時間は、世界中、特に今は欧州メインに取引しているトレーダーの気分や意識が微妙に変化し、切り替わる瞬間だ。

　ポンドドル60ロット、600万通貨といえば9億円近いポジション。そん

な巨額の投資資金をそれほど長く市場にさらしておくことはできない。

16時59分22～23秒、新たな1時間足が立つまで1分を切ったところで、僕はポンドドル60ロットを1.26580～81で利食った。

獲得pipsは約21.8pipsになり、儲けは合計600万通貨の取引で148万6490円。

たった27分の取引で僕が得た利益は、256万7690円になった（**図5**）。

FX独自の「通貨の相関関係」と「時間帯管理」を駆使した及川式は見事な成果を収めた。とはいえ、僕にとっては基本中の基本といえる、普段通りのトレード。実戦トレードをYouTube動画で実況中継するためにつけたマイク付きヘッドフォンを机の上に置いた。ふっ、と深呼吸する。

「さて、今夜はどの店に飲みに行こう。『お父さんほど年の離れた、枯れたおっさんがタイプ～っ♡』、そんな夢のよーなこと、いってくれる女子はいるかな！？」

勝利の余韻（よいん）にひたりながら、しょーこりもなく、僕は思った———。

図5　ポンドドルの利食いポイントとトレード成績

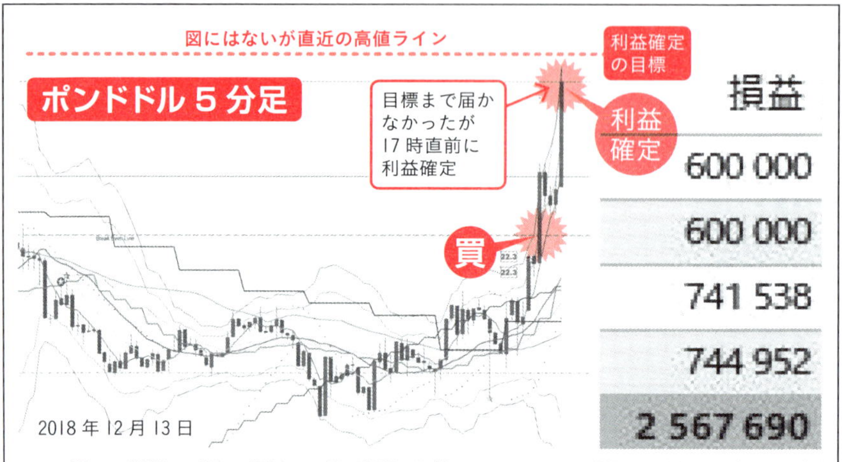

時間	取引種別	数量	通貨ペア	価格	決済逆指値(...	決済指値(T/P)	時間	価格	スワップ	損益
2018.12.13 09:32:17	buy	30.00	gbpjpy.pro	143.333	143.133	143.533	2018.12.13 09:53:43	143.533	0	600 000
2018.12.13 09:32:18	buy	30.00	gbpjpy.pro	143.333	143.133	143.533	2018.12.13 09:53:43	143.533	0	600 000
2018.12.13 09:32:21	buy	30.00	gbpusd.pro	1.26362	1.26162	1.26636	2018.12.13 09:59:22	1.26580	0	741 538
2018.12.13 09:32:22	buy	30.00	gbpusd.pro	1.26362	1.26162	1.26633	2018.12.13 09:59:22	1.26581	0	744 952
入金計: 0 出金計: 0										2 567 690

ガチプロトレーダー、及川圭哉です！

デイトレで月2000万円以上稼いでます

はじめまして、FXトレーダーの及川圭哉です。

のっけから実績を公開すると、**僕はおよそ勝率7割のFXデイトレードで月2000万円以上、年間1億円超を稼いでいます**。もちろん、ボロ負けする日もありますが…。

一見すると「僕」という一人称で語るのが不似合いな "怖モテ" に見えてしまいそうですが、大丈夫！　全然、怖くないのでご安心ください。

怖いどころか、なにかといえばすぐ調子に乗り、即座に "ダメ人間" や "イヤな奴" になりかねない、おバカなオトコ——それが及川圭哉、53歳のおっさんです。

そんな枯れたおっさんFXトレーダーがおこがましくも「師匠」と呼ばれ、嫁と娘2人とワンちゃん2匹（雌）に囲まれ、ここまで快適に暮らしていけるようになったのも、ひとえに「FX」のおかげ。

トレーダー仲間たちとなにより大好きなお酒を酌み交わし、それ以上に大好きなトレード話に花を咲かせて朝まで語り明かせるのも、「FX様」のおかげです。

6回無一文になった僕を救ったFX

ぶっちゃけ、FXがあったからこそ、僕の人生、なんとかなりました。

人生七転び八起きなんていいますが、FXに出会うまでの僕は、さまざまなビジネスに手を出しては失敗や撤退。株式投資でもITバブル崩壊やライブドアショック、リーマンショックで都合3度、資金全損を繰り返し、

実録FXドキュメント　ガチ速！僕はたった27分で256万円稼いだ　　11

これまでの人生でなんと、6回も無一文になっています。

　あともう一回転んだら「七転び」となるところを、なんの因果か、FX に巡りあったのが、今から10年以上前の2007年頃です。

　最初はトライ＆エラーの連続、いやいや、今だって、**1日で1000万円以上の負けを冷や汗ものでなんとかプラス100万円まで盛り返すような、カッコ悪りぃトレードもYouTubeで公開しています**が、とにかく負けず嫌い、目立ちたがりの性格のおかげもあってか、FXの収入だけで年1億円超稼げるようになりました。

あれ、オレ、教え上手？

　2014年からはその実績をひっさげて、オンライントレード講師も始めています。

　正直、「オレみたいないい加減な人間が他人様にモノを教えるなんて、そんな柄じゃないよ」という思いもありました。

　でも、ミュージシャンを志したものの夢かなわず、家電製品の実演販売や消費者金融関連のお仕事やエアコン取付工事業者などなど、職を転々とし、人生の酸いも甘いも噛み分けた"経験"が、FXという一攫千金も資金全損もありえる"天国と地獄"のツボにはまったのでしょうか。

　意外にも自分が"教え上手"であることがじわじわと判明。

　受講生の中には、**約3年で4億円稼いだ異才もいます。月間1500pipsも稼げるようになった若き女性トレーダー**など、スーパートレーダーを輩出しています。

「オレって教え上手なんじゃねぇか」

　恥ずかしながら、そういわれるようにもなりました。

　自分からしてみれば、「きかれたことに自分なりに答えている」「勝ったトレードも負けたトレードも包み隠さず、すべてYouTubeにアップしている」「師匠、飲みにいきましょうと誘われれば、朝までできっちり飲み明かす」だけです。

でも、不思議と、FXで億稼ぐような才能あふれる人々が、一歩間違えると"ポンコツ"といわれかねない、こんな僕の回りに集まってくれるようになりました。

デイトレってリスク低い、と僕が思う理由

　一口にFXといってもさまざまな手法があります。

　僕の人生にとって起死回生の逆転本塁打になったのは、FXの中でも超短時間の為替レートの値動きで儲ける「デイトレード」。

　本書は、そんな及川式FXのデイトレードについて書いた、及川圭哉初の書籍になります。

　徹底的にわかりやすく、しかも、読んだあと、すぐに始めても稼げるようになる「秘伝の手法」を余すところなく紹介しました。

　FXのデイトレやスキャルピングというと「素人が手を出したらやばい世界」「一獲千金どころか、秒殺、分殺で一文無しになる危険地帯」と思われる方も多いようです。

　でも、同じ100万円稼ぐにしても、1年かかるより、10分で稼げちゃったほうが手っ取り早くありませんか？

　それに**デイトレのいいところは、通貨ポジションの保有時間を極端に短くすることで、「暴落、急騰が頻発し、リスク満載の為替市場に、持ちガネをさらす時間をなるべく少なくできること」**。

　失敗したときの対処法だけを厳格に徹底して守れば、誰でも比較的簡単に、億単位とはいわないまでも、10万円、100万円、1000万円単位のお金をちゃっかり稼げる世界なんです。

　世の中、格差社会といわれ、若者の貧困や老後破産など、なにかと将来不安が高まっています。

　「もう、暮らしていく、いや、生きてくためのカネもない」というとき、もしFXのデイトレでお金を稼ぐ技術をきちんと身に付けていれば、人生に対する不安を解消できる貴重な「打ち手の小槌」になるはず。

実録FXドキュメント　ガチ速！僕はたった２７分で２５６万円稼いだ　　13

それは、これまで6回も無一文になった僕が人生を立て直せたことでも実証済みです。今では「こいつら、すげえ！」という凄腕FXトレーダーたちと「FXism」というチームも作っています。

　目指すは、世界進出！

　日本の個人投資家といえば外貨好き、逆張り好きな「ミセス・ワタナベ」とからかわれ、海外の悪徳大口投資家などからさんざんカモにされてきました。日本の個人投資家をナメくさり、カモにしてきた海外投資家やプロのトレーダーを絶対に見返してやりたい。そんな思いで活動しています。

　むろん、本を読んだからって実際のFXで勝てるはずがありません。

　でも、「この本を読むだけでたちまち1日10万円稼げる」と僕自身、自信を持っていえる超オリジナルの手法を「これでもかっ！」と叩き込みました。

「いい本」ではなく、「稼げる本」

　僕は女性に「いい人」といわれるのがあまり好きではありません。「どーでもいい人」になりかねないからです。

　本書も「いい本」「ためになる本」は目指しません。

　せっかく心血注いで書いたのに、「いい本」、いやいや、「どーでもいい本」になるのは絶対、嫌ですから。

　本書が目指すのは、「本当にFXでガンガン稼げるようになるための本」！ だからこそ、ビシバシ、グイグイ、これでもかというぐらいにたっぷりと、及川式FXの手法をご紹介します！

　ちなみに、本書で紹介するトレード技術の土台となる「天才チャート」は、本書をご購読いただいたみなさん限定で、ダウンロードできます。「天才チャート」に必要なGeniusChart-EX4ファイルを解凍して、MT4上にインストールしてみてください（移動平均線などがカラーでより見やすいです）。

　それでは、及川式FXの始まり始まり〜。

目 次

実録FXドキュメント
2018年12月13日、池袋某所

ガチ速! 僕はたった27分で256万円稼いだ ……………… 003

ガチプロトレーダー、及川圭哉です! ……………… 011

第1章
卑怯者と呼ばれて!
ガチ速FXのメンタル準備体操

FX限定の「卑怯者」になれ!

徹底的に強い者に媚び、弱い者を叩く修羅場 ……………… 022

ダウン寸前の弱ったヤツ（通貨）をボコボコに ……………… 023

FX限定・ケンカに負けた相手をさらにボコボコに ……………… 026

「損しなきゃ国産車1台買えたのに」
という未練は禁物 ……………… 028

弱メンタルを徹底排除するドラクエ発想法 ……………… 030

死ぬ気で"ゲーム"するための投入資金小分け術 ……………… 031

「勝ち逃げ」こそ勝利の方程式 ……………… 034

攻めだけでなく守りを意識することが上達の近道 ……………… 035

不治の病・コツコツドカン病にかからない方法 ……………… 037

第2章

究極の
インジケーター
"天才チャート"まずは基本から

天才チャートで目指せ・月収100万

天才チャートのおかげで「師匠」と呼ばれるように ……… 040

ローソク足こそFXトレードの原点 ……… 043

一番注目してほしいのは上位足MA ……… 045

上位足MAの中でも15分足MAと1時間足MAが最重要 ……… 048

たえず直近高値・安値を意識する ……… 051

5分足チャートの3本の移動平均線はトレンド信号 ……… 053

75本MAは1時間足MAの代用としても使える ……… 054

ボリンジャーバンドはバンド幅の収束・拡散を見る ……… 055

インジケーター「パーフェクトオーダー」は初心者向き ……… 057

パラボリック、30本のColoredMAは参考程度に ……… 059

第3章

鉄板トレードで
勝ち逃げ！
及川式"鬼デイトレ"初〜中級編

リスクリワード＝おいしいとこ獲りの発想

利益2・損失1でエントリーできる場所を探す ……… 062
リスクリワードを意識したエントリー方法 ……… 064
上昇トレンドでリスクリワードが合っている場面 ……… 067
下降トレンドでリスクリワードが合っている具体例 ……… 070
僕の利益の6割以上はショート。 売りはおいしい ……… 072
実際のチャートは毎秒毎秒、変化する「生き物」 ……… 073
リスクリワードが合ったレンジ相場とは? ……… 075

FXの働き方改革! タイムプロフィット

理想は保有20分、20〜40pips抜き ……… 077
FX最強のステイタス・ノーポジを最大限活用する ……… 078
値動きを「細かく切り取って」儲ける ……… 080
シナリオを細かく分けることで時間の無駄を防ぐ ……… 083

参加者増の時間帯!
時間管理こそデイトレの生命線

時間帯を制するものがFXを制する ……… 085
「時差がない通貨」が、その時間帯の主役になる ……… 086
東京時間午前中のトレード・ルーティン ……… 088
東京時間午後のトレード・ルーティン ……… 090
稼ぎどき・欧州時間のトレード・ルーティン ……… 092
欧州時間は通貨ペアの相関関係に注目する! ……… 093
及川式の秘伝のタレは「ユーロポンド」で決まり ……… 094
日本時間深夜・NYタイムのトレード・ルーティン ……… 096
1時間が"一区切り"。 ○○時ジャストに要注意! ……… 097
20分で勝ち逃げするのがルール ……… 098

木を見て、森も見る
「通貨ペアをシリーズで考える」

通貨ペアは複雑にからみ合っている ……………………… 101

通貨ペアの相関シリーズを読み解く方法 …………………… 102

初心者はまずドル円など円シリーズで考える …………… 104

10通貨ペアを整理して頭に叩き込む …………………………… 106

シリーズの相関・逆相関から
「今強い&今弱い通貨」を狙う ………………………………… 109

Q&A通貨ペアドリル　最強／最弱通貨はどれだ？ ………… 111

"監視通貨ペア"がキー
最強通貨を見つけるときのフローチャート

最強通貨の見つけ方・売買戦略の立て方の具体例 …… 113

通貨の強弱は「変化」が出たときを狙うことが大切…… 116

第4章
勝てる場面だけ
狙い撃つ！
独自シグナルで初心者もザクザク稼ぐ

勝負の極意は「簡単なところだけを狙う」！

時間帯、相関を意識して難しいところはやらない ……… 120

鉄板の売買シグナル①ピンバー ………………………………… 121

鉄板②α　逆行上位足のファーストタッチで逆張り ……… 124

鉄板②β　逆行上位足のファーストタッチの
　　　　　損切りパターン …………………………………………… 127

鉄板③　トレンド転換が失敗に終わった
　　　　「抜けチャレンジ不発」 …………………………………… 130

鉄板④　パーフェクトオーダーの☆印点灯は
　　　　時間帯が重要 ………………………………………………… 133

鉄板⑤　逆行上位足の抜け直しトレンド続行パターン … 135

急騰・急落相場では常に大逆転の可能性を考えおく … 140

鉄板⑥　これぞ鉄板中の鉄板といえる「シリーズ揃い」 … 142

鉄板シグナル①〜⑥の中のオススメや難易度は？ ………… 147

第5章

豪州の
お宝ハンター！
及川式・上級編「オージーテクニカル」

取扱注意の秘技「オージーテクニカル」とは？

オージーシリーズの相関・逆相関を狙え！ ……………… 150

オージー円・ドル、
ポンド・ユーロオージーの相関・逆相関 ………………… 151

要人発言で発生したオージーテクニカルの具体例 …… 160

オージー最強のときのオージーテクニカルも見ておこう …… 163

マイナー通貨オージーが
"いきなり主役"になるときだけ狙う ……… 167

終章
10年以上FXやって至った真実
稼げる人と、稼げない人のわずかな差とは?

**ここまで読んでくれた方
サンキュ・ベリマッチっす!**

FXが今も一攫千金を狙う最強ツールである理由 ……… 170

金融商品のバブル崩壊はこれからも起こる ……… 171

FXのトレード技術に差が出る理由とは? ……… 172

人生にもFXにも必要な「あなたらしさの追求」 ……… 174

第1章

卑怯者と呼ばれて！

ガチ速FXの
メンタル準備体操

FX限定の
「卑怯者」になれ!

徹底的に強い者に媚び、弱い者を叩く修羅場

　FXで一番大切なのは「メンタル」といっていいかもしれません。

　お金がかかると、どんな人間も欲望丸出しの"ケダモノ"になります。

　運よく儲かると「もっと儲かったはずだ」とさらに強欲になり、運悪く損してしまうと「畜生、次は倍、儲けてやるっ」と自暴自棄になって判断を狂わせる。

　トレード結果によって生じる感情や欲望のせいで、いちいちメンタルが右往左往していては、絶対にFXで勝つことはできません。

　じゃあ、どうすれば欲望丸出しの"ケダモノ"にならず、冷静沈着にFXトレードを行えるか?

　これまでも多くのFX本が発刊されてきましたが、そこでいわれているメンタル管理の結論はだいたい、こんな感じです——。

「感情に振り回されるとよくないですね〜。それを回避する、とっておきの方法をお教えしましょう。それはなんと! お釈迦様になること。お釈迦様のような気持ちで、メンタルを手のひらの上でころころ転がせるような冷静さを身に付ければ、FXなんて楽勝ですよ!」

　しかし、そんなことをいわれて、すぐさま「お釈迦様になれる人」なんています?

「FXでメンタルが重要なのは百も承知。問題なのは、欲望をたぎらせ感情を高ぶらせ、カネ勘定だけで頭がいっぱいになってしまった俺様(自分自身)のメンタル、どうすりゃいい?」の具体的な"トリセツ"です。

　そこで、及川圭哉は10秒考えました。そして、「お釈迦様」とは真逆の結論にたどり着いたんです。

「FXというのは弱いモン（通貨）を徹底的に叩き、強いモンに徹底的に媚びることで儲かる世界だ。そんな修羅場でメンタルを一定に保つためにはどうすればいいんだ？ そうだっ！ 頭のてっぺんから足のつま先まで、徹頭徹尾、非の打ちどころがない、ムシズが走るぐらいに醜悪な『卑怯者』になればいいんだ！」と。

政治家や芸能人、さらにはインスタやフェイスブック上において、人々は、「自分がいかにいい人間か、好感が持てる人間か」を盛んにアピールしたがる生き物です。

そんな風潮の中、どーしよーもないぐらい卑怯な奴になれ、といったら、読者の方はドン引きして、この時点でパタンとこの本を閉じてしまうかもしれません。当然、僕のことを大嫌いになるでしょう。

でも、「マジ、FXで勝ちたい！」と思っている人は、たとえ、僕のことを「このブタ野郎」と軽蔑しながらでも（一応、僕、及川のSNS上のハンドルネームは「天才ブタ野郎」です）、その実、しっかりと、今からいう「FXトレードの本質」のご理解を深めてほしいと思います。

「トレードでなるべく安全に、かつ安定的に勝ち続けたい人がやるべきこと。それは『卑怯者』になることです」

卑怯者——平気で人を裏切り、ずるい手や汚い手法を使い、自分の利益になることなら手段を選ばない——。実に、いやな言葉です。

僕だって日常生活においては、そんな人間になりたくありません。

でも、一歩、FXの世界に足を踏み入れたら話は別。

僕らみたいな**立場の弱い個人投資家が勝ち続けるための唯一のメンタル、それが「卑怯者」という立ち位置**なのです。

ダウン寸前の弱ったヤツ（通貨）をボコボコに

僕はよく、FXのトレードを「ボクシング」に喩えます。

青コーナーの「売り」と赤コーナーの「買い」が攻防をする中、双方ともに元気なうちはなかなか一方的な展開になりません。

打ちつ打たれつ、みたいなイメージですね。

で、僕はそのような状態のとき、ただひたすら「静観」を決め込むわけです。

ところが、ある時点で、いずれかの「大きなパンチ」がヒットし、打たれたほうがグラつきます。ここで一気にラッシュをかけるボクサーもいますが、クレバーなボクサーは、まだここでは仕掛けません。

なぜなら、もう少し相手を弱らせてからでないとラッシュをかける際、相手から「必殺一撃のカウンターパンチ」を食らうリスクがあるからです。

より細心でズル賢いボクサーは、弱った相手にジャブをお見舞いして、さらに相手を弱らせておき、いよいよ相手が反撃できないほど朦朧となったところで、ラッシュを仕掛けるワケですね。

僕はこれを、「他人にケンカさせておいて、どっちが強い（弱い）か見極める時間」と定義しているんです。

それをチャートで示すと、**図1-1**のような感じになります。これは、ある日のユーロ円の5分足チャートですが、1時間足MA（10本移動平均線）

図1-1　売り手と買い手のケンカでどっちが勝ったかを見る方法

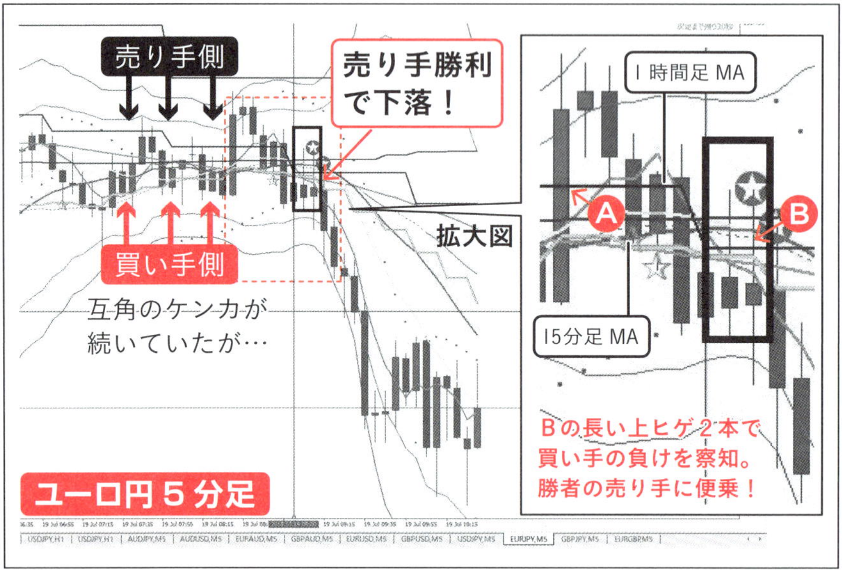

が下向き、15分足MA（同）が上向きと、強弱が混在する中、為替レートが上下に行ったり来たりしていたのがわかります。

　ちなみに、MAというのは「ムービング・アベレージ」の略で、移動平均線のことです。移動平均線には、終値の平均をとるための「期間」がありますが、僕が開発した「天才チャート」では、5分足チャートを表示すると、それより時間が長い上位の足である1時間足チャートの10本分の終値の平均線すなわち10時間移動平均線、15分足チャート10本分、つまり150分移動平均線が表示されるようになっています。

　この2本のギザギザした上位足MA（移動平均線）を基準にしながら、今、5分足という、より小さな時間軸でどんな値動きが出ているのかを判断していきます（詳しくは第2章「天才チャート」参照）。

　5分足より時間の長い15分足や1時間足チャートは「上位足」と呼んでいます。本書でも、1時間足における10本＝10時間移動平均線、15分足チャートにおける10本＝150分移動平均線が「上位足MA」という言葉で繰り返し出てくるので、ぜひ覚えてくださいね。

　5分足チャートの流れを追いながら、それよりも長い15分足や1時間足の移動平均線を支持帯（サポート）や抵抗帯（レジスタンス）と見なし、この「サポレジ（サポートレジスタンスの略語ですね）」を抜けたり、抜けることができずに跳ね返されたりしたら、「買い！　売り！」という売買判断を下すのが僕の手法です（極めて単純にいうと…になりますが）。

　で、図1-1のユーロ円に戻ると、ユーロ円は1時間足MAをAの地点で上抜けしましたが、まだまだ時間帯的にどっちが優勢かは判断できません。

　そんな中、15時を過ぎたあたりに……。ユーロ円は1時間足MA＆15分足MAをそろって下抜けしました。おまけにその後、Bの地点で、ローソク足が2本連続して両上位足MAを上抜けしかけたにもかかわらず、結果、2本とも長い上ヒゲで終わって、跳ね返されています。

　これこそまさに青コーナーの「買い手側」が反撃を試みたものの、赤コーナーの「売り手側」に跳ね返された状態を意味します。

　ここで、僕はこう思うワケです。

第1章　卑怯者と呼ばれて！ガチ速FXのメンタル準備体操　　25

「もう買い手側のカウンターパンチはない！」

　ならばどうする？　そう！　ちゃっかり売り手側の味方になって、ここぞとばかりに、ユーロ円君を殴る

　…いや、叩き売るんです。

FX限定・ケンカに負けた相手をさらにボコボコに

「とことん卑怯者であること」。

　その考え方を具体的に「ケンカ」に喩えて説明してみましょう。

　誰かと誰かがケンカをし、ボコボコにやられてしまった人がいたとします。やりたい放題殴った相手は気が済んだのか、すでにその場を去ってしまいました。

　よって、その場に残っているのはケンカに負けてボロボロになった人だけです。この時点までの僕は、ただの「野次馬」です。

　そんな中、ケンカで負けた方の人も時間が経つと少し回復しますよね？

　で、その段階で僕はそいつにケンカを売るんです。

　なぜ？

　そのケンカ、勝つ可能性が極めて高いからです。

　当然ですよね、いったん打ちのめされた相手はまだまだ「弱った状態」なんですから。

　イメージは「水に落ちた犬を叩け」です。

　これをトレードに置き換えると、**図1-2**のような場面となります。

　図1-2はある日のポンド円の5分足チャートです。「買い手側」が一度大きく「売り手側」にボコられ、ボコった売り手側が立ち去ったあと、顔面の腫れ上がった買い手側が「うぐっ〜」とかうめき声を上げながら、でも少しだけ回復……。

　リアルに妄想すると、そんな場面といえるでしょう。

　それが図に示した前回安値Aのラインあたりとなります。ここで買い手側の顔面が悲惨な状態になっているのを想像できるかどうかが肝心です。

図1-2 ボコボコにやられたあと立ち上がった買い手を殴る法

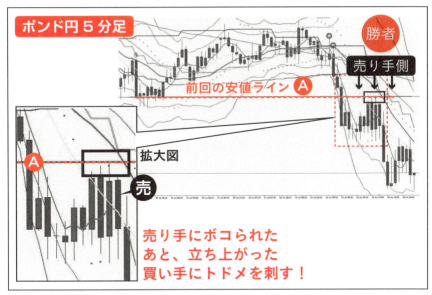

　「卑怯だけど絶対勝ちたいズルイ奴」はこのAのラインまで買い手側が回復したところで、初めて「ケンカ」を仕掛けると……。
　このケンカ、極めて勝ちやすいとは思いませんか？
　実はこれこそが「トレードの本質」だと、僕は思っているのです。
　すでにケンカに一度負けて、かなり弱った相手が少し回復したのを見て、そいつにケンカを売る……。
　メッチャクッチャ卑怯ですよね〜。もはや人間のクズレベルです（苦笑）。
　しかし、FXトレードの世界では、そんな卑怯な行いを顔色一つ変えずに行える人間が勝っているということ。
　ちなみに、この事例は「売り手目線」ですが、「買い手に回る」場合はどう考えるべきでしょう？
　その答えはこうです。
　買い手が売り手をボコボコに殴って勝利したとき、チャートは急上昇しているはずです。しかし、一方的に殴り続けてきた買い手側もそのうち殴

第1章　卑怯者と呼ばれて！ガチ速FXのメンタル準備体操　27

り疲れてしまい、いったん休憩を入れたくなるはずです。

　で、その休憩中に僕はその「強いヤツ（親分）」にオベッカを使い、軍団の一味に加えてもらうワケです。

　そして、強い親分が休憩したあと、再度、売り手をシバキ倒そうとするときに一緒になってボコボコパンチ、いや、ちゃっかり買いを入れると…。

　で、しっかり利益が乗った頃、そろそろ親分の利用価値が薄くなってきたな〜と思ったところで、僕はシレッと「バックレ」る、というオチがラストですね。実にヒドい話です（苦笑）。

　日常生活でこんなひどいことばかりしていたら、友達も信用も地位も、家族や恋人だって失ってしまうでしょう。

　でも、正々堂々と生きるのは、どうか、FXトレード以外の人生で行ってください。

　こんな炎上モノのことをいっている僕も、FXトレード以外の場面では、まっとうで真っすぐで義理人情に厚いおっさん、ですから、一応（笑）。

　僕なんかよりもっと常識があって頭のいい読者の方なら、きっと、もうおわかりのはずです。

「なぜFXでメンタルがとても重要か？」

　それは、「日常生活ではやっちゃいけないことをやらないと、FXの世界では生き残れない」から。

「俺、卑怯者になりたくない」なんて**日常生活のメンタルを引きずっていると、絶対、負ける世界──それがFXという"修羅場"**なんです。

「損しなきゃ国産車１台買えたのに」という未練は禁物

　FXのトレードで起こる激しい感情や強い欲望、ざわめく気持ちを「メンタル台風」と呼んでみましょう。

　メンタル台風をどうすれば避けることができるのか？

　人生で6回も無一文になった僕だからわかること。それはメンタル台風の"目"になるのが、**「もっと儲けたい、絶対損したくない」という"カ**

ネ勘定"だということです。

少し話がそれますが、僕には、「こいつはキレる！」と思える優秀な30代後半の若手起業家の友人がいます。

飲みの席などで、話を聞いた感じから想像するに、彼の年収は少なく見積もっても5000万円。あるいは億近いかも、という印象を受けました。

ところが、彼は派手な生活には一切興味がないようで、ファッションも「お金持ちのソレ」とは全然違っていまして、いっちゃなんですが、かなりドンくさい格好をしています。

都内に住んでいるので「クルマは必要ない」といいますし、酒にもオンナにもまったく興味を示しません…。

かたや「お金を稼いだらクルマ！」と、いい車に目がない物欲の塊といえる僕…。

デイトレで100万円稼いだ日にその足で飲みに行って、仲間に奢って、一晩で105万円使ってしまう、性懲りもない僕…とはまるで真逆の人間です（苦笑）。

当然のことながら、僕にはある素朴な疑問が生まれました。

「ねぇねぇ、そんじゃ、なんのためにそんなに頑張って、お金を稼ぐわけ？」

すると、彼は僕にこう答えたんです。

「たぶん…ゲームです」

そうなんです！彼は「カネを稼いだあとの使い道」にはなんの興味もヴィジョンもなく、「ただ、ただ、どこまでお金を増やせるものか？」という"ゲーム"をプレイしたいという感覚のみでビジネスしているのでした。

宇宙人に会ったようで実に驚きました…といいたいところですが、僕はその話を聞いた数秒後に合点がいったんです。

「そこ、大事なとこかも？」と。

「まさにFXトレードの世界にこそ、このゲーム感覚は必要だ」って。

僕は、自らのトレードをYouTube動画でガチンコ配信していますが、トレードの途中で含み損が200万円を越えることもありますし、20万円の含み益がたった10秒後に30万円の含み損になることもあります。

ほんと、FXの短期売買って、鉄火場のギャンブルのようなもので、い
ちいち含み益や含み損に一喜一憂していたら、それこそ、風速50メート
ルのメンタル台風に直撃されて、大損こいてしまう恐ろしー世界です。

　一回の取引で60ロット＝600万通貨を“ブン回す”僕のような取引スタ
イルは、初心者にとっては高層ビルの屋上で綱渡りするようなもの。

　ちょっとしたメンタルの乱れが、身の破滅につながりかねません。

　たとえば、200万円の含み損の時点で、もし、

「こんなに損するぐらいなら、国産の新車1台買えたじゃん！」

　そんな考えを持ってしまったら、果たして、読者の皆さまは精神的に耐
えられるでしょうか？

　また、そういう感覚でトレードをすることで、「新車1台分のお金を損
切りするなんて無理だっ！」と思って、引くに引けなくなってしまい、さ
らに状況が悪化して、含み損が500万円まで膨らみ…結局、パニックを起
こして、死ぬ思いで（というかもう完全に死んだ状態で）、泣く泣く500万円
損切りしたはいいものの…その後、おのれをあざ笑うかのように、ぐんぐ
ん値を戻す為替レートをただ茫然と眺める…。

　悪夢としかいいようのない大失敗トレードを犯し、資金も底をつき、も
う「死ぬしかないな」とメンタルが完全破壊され、FX市場から退場する
…なんて経験こそ、FXで最も「やってはいけない」ことです。

弱メンタルを徹底排除するドラクエ発想法

　僕は、多くの人がFXのトレードで勝てない理由の一つがここにあるん
だ、と確信しているんです。

　そう、FXトレードにおける「お金」とか「額面」の恐怖ってやつです。

　参考までに僕の話をします。取引があくまでガチンコであることを証明
するために、YouTube動画ではトレード中の収支を見せていますが、僕、
プライベートの取引では収支画面を隠しちゃうんです。

　なぜなら「収支の額面」を見てしまうことで、メンタル台風に見舞われ、

卑怯者トレーダーとしてやるべき行動がとれなくなることを恐れているからです。

「500万円、損したから、もう損切りするしかない（涙）」

本当に、これではダメなんです。

「自分が決めたFXのトレードルール的に絶対切らなきゃダメな局面なので、容赦なく損切りする」

これを徹底しておかないと、本来見るべき値動きではなく、収支画面ばかりを気にするようになってしまうからです。

「トレードの収支など"カネ"ではない！ ドラクエのゴールドと同じだ！ ゲームのポイントと考えたほうがよっぽど楽だ」

実際にはそう簡単ではないと思いますが、このくらいの感覚になれたら、理想的であることは間違いありません。

カネ勘定に左右されて判断を大きく誤ってしまうのがFXの世界。だったら、FX取引で動いているのは本当のお金ではなく、ゲームのポイントだと思っていたほうが、よっぽど冷静な気持ちで取引できます。

よく若い人が大事件を起こすと、「ゲームと現実の世界の区別がつかなくなったから」なんていわれますが、そんな人間、なかなかいませんよ。

「これはゲームだ、現実じゃない」と割り切って考えるぐらいのほうが、「儲かった、損した」とカネ勘定で脳味噌の隅々まで支配されて、打ちのめされたり、ムダな悪あがきに走ることもなくなるはずです。

「FXの1億円は、とりあえず1億ポイントだと思え」

なにかとカネ勘定で失敗してきた及川だからこそ、「FXの儲けや損失を現ナマだと思わず、ゲームのポイントだと思う」という考え方が妙にしっくりくるなぁ、と思うわけです。

死ぬ気で"ゲーム"するための投入資金小分け術

ただ、ここからは真逆のお話をしたいのですが、もし「お金」や「額面」にこだわってしまうのであれば徹底的にこだわるべきだと僕は思います。

よく「投資は余剰資金でやれ！」なんていわれますが、僕は必ずしもそれが正しいとは思っていません。

確かに余剰資金であれば、仮に資金を全損させても死にません。

けど、そのせいで、かえって全損させちゃう人も、実は、とっても多いように想像しているからです。

たとえば、1000万円の元手資金でトレードを始めるとします。

その人が取引口座に1000万円を入金したとして、ある日1日で100万円ボロ負けをしたとしても、口座にはまだ900万円残っていますよね。

これ…懲りてないというか、メンタルでやられる第一歩だと思いませんか？

おそらく、この人、また次も100万円負けますよ、きっと。

で、口座残高は800万円まで目減りしてしまうんです。

「1000万円あるから、多少、負けても大丈夫」

その心の余裕が命とりになるんです。

僕なら1000万円の資金があったとしても、100万円だけ入金して、その100万円が200万円、300万円になるような、値動きのチャンスを必死で探し、100万円全損という"地獄"を見ないために死ぬ気で取引すると思います。資金量の少ない人なら、

「本当は100万円あって、そのうちの10万円にすぎないけど、この10万円失ったら俺は死ぬ。絶対、死ぬ。この10万円を20万円、30万円に増やせないようだと、これまた絶対に殺される。この10万円は俺の命、俺の人生そのものだっ！」

そのぐらい悲壮な覚悟をもって、真剣に、10万円が倍の20万円、3倍の30万円に増えるチャンスを探すぐらいの気持ちで臨んだほうがいい。

僕が普段行っているような1ロット＝10万通貨の取引では、もし、少しでも判断を誤ったら、1時間、いや10分もたたないうちに、100万円なんて跡形もなく消滅してしまいます。

「そんなの絶対、イヤだよ！」

と誰だって思うはずです。

だったら、どうするか？

僕なら一世一代の100万円を一瞬で溶かすような**安易な勝負をするのが、死ぬほどイヤなので、絶対勝てそうな場面が来るのをじっくり待つ**と思います。

くだらない、勝てるか負けるかわからない場面では、一切、トレードせず、1回1回のエントリーを死ぬほど大切にするでしょう。

真逆の喩え話を2つしましたが、FXトレードでメンタルをコントロールするためにぜひ理解してほしいことは、ここにあります。

あなたは「お金」や「額面」に固執してしまうことで、本来、FXトレードにおいてやるべきこと（=損切りや勝率管理、資金管理）ができなくなっていませんか？

これがまず1点。次に、

「資金にゆとりを持て」という中途半端な教えが、単なる「ユルさ」につながっていませんか？

これが2点目です。

トレードとは「お金」ではなく、「デジタルのポイント」を増やすゲームだ！ただし、そのゲームに、あくなき執念を持って死ぬ気で勝て！

初心者がいきなり、この感覚でトレードするのは難しいかもしれません。でも、この感覚をマスターできないと、必ず、FXでは負けます。

FXの取引会社で働いている人に、

「FXトレードをしている人の99％は負けトレーダーです。だから僕らFX会社はたとえ顧客のトレードを丸呑みしても儲けることができるんですよ、ハッハッハ」

と聞いたことがあります。

FXの世界で一番手ごわく、恐ろしい"魔物"、それは、僕らの心の中にいるんです。メンタルという悪魔を遠ざけ、純粋にトレードだけに全神経を集中させるには、

1、お金はゲームのポイントだと考える

2、ゲームだからといって慢心せず、ゲームだからこそ大胆に攻めるときは攻める

3、死ぬ気でチャンスを探し、ピンチになったらすぐ逃げる

というプロセスを踏むことが重要なんです。

「勝ち逃げ」こそ勝利の方程式

「卑怯者になれ」「お金はポイントと思え」

ワイドショーのコメンテーターが眉をしかめるような、世間の常識や暗黙のコンセンサスをブチ破るようなメンタルがないと、過酷なFXの世界では生き残れません。

特に、1トレードで600万通貨をブチ込む、一見、危なっかしすぎる分速売買を、日々の"生業"とする僕のようなデイトレーダーには「鉄のメンタル」がどーしても必要不可欠になります。

そんな僕が心に刻んでいる3つ目の言葉は、

「勝ち逃げこそ勝利の方程式」

というものです。

「卑怯者になれ」にも通じる掟ですが、FXは「利益が上がってナンボ」の世界。どんなに一時的に大勝ちしていても、最終的に負けたら、なんの意味もないのは、どんな初心者の方でもご承知のはずです。

トレーダーの中には「100pipsきれいに獲れたからカッコいい」とか、「上昇トレンドの始まりから終わりまで全部獲れたからすごい」とか、「すっ高値でドンピシャ利食えたから美しい」とか、お金を稼ぐだけでなく、目の醒めるような華麗なトレードにこだわる人もいるようです。

そんな人には「はぁっ？ なに、カッコつけてんの？」と、ついつい、突っ込みたくなっちゃいますね～。

FXをやる理由はとにかく利益を得るため。勝てば官軍で、どんなに泥

臭く、あくどく、卑怯な手を使っても「勝ちは勝ち」なんです。

　僕が分速単位で取引する超短期トレーダーだということもありますが、どんなにカッコ悪くても、どんなに"ビビり"といわれようと、「もっと儲かってたじゃん」と馬鹿にされようと、「及川チキン」と笑われようとかまいません。とにかく「勝ち逃げに徹する」のが及川式FXのポリシーです。

攻めだけでなく守りを意識することが上達の近道

　よくサッカーの試合を見ていて思うんですが、彼らサッカー選手の試合中の対応ってトレードマネジメントにも共通する点が多い、と僕は思っています。

　たとえば、先制点を獲るか、あるいは獲られるかで、その後の対応は大きく変わりますよね？

「1-0」で勝っている側だったとして、もう1点、リスク覚悟で獲りにいくか？　あるいは僕が大好きな勝ち逃げを目指すのか？

　残り時間を睨みながら、対応を変えるわけです。

　及川式トレードは、それこそ、15時の日本時間が終わるとか、16時になって欧州時間が始まるとか、1時間が過ぎて次の1時間が始まるとか、**「時間帯管理」が肝になっている**ので、なおさらサッカー選手と同じように、「時計」を気にしてトレードしています。

　当然、サッカーの試合にしてもFXのトレードにおいても、「1-0」で勝っている局面だけでなく、「0-1」で負けている局面にも遭遇します。

　もし、この試合を落とすとグループリーグ敗退が決定するチームであれば、「0-2」になるリスクを負ってでも、「1-1」を目指して攻撃にウェイトを割くはずです。

　逆にこの試合を「0-1」で落としても、もう1点失点しなければ得失点差で次のリーグに勝ち進めるケースだってあります。

　さまざまな状況で「さぁ、どうするか？」。それを考えるのが「マネジ

第1章　卑怯者と呼ばれて！ガチ速FXのメンタル準備体操　　35

メント」なワケです。

FXトレードの場合、「0-1」で5連敗したとしても「10-0」で勝つゲームがあれば収支は逆転します。

実際、こういうスタイルのプロトレーダーもいるはずです。

でも、僕も含めた普通の感覚の人はそんな、ギリギリの一発逆転狙いのマネジメントではメンタルが持たないんじゃないかなと思います。

あなたはどうですか？

もしそうであれば、**やはり僕らは「とにかく勝ち点を獲るのが最優先」というサッカー選手同様に、「1-0」で勝ち逃げをすることを目指すべき**だと思います。

FXトレードで何度も利食ったり損切りしたりしていて、つくづく感じるのは、

「利益を確定したあと、さらに利益が伸びたときの悔しさより、利益を確定できた場面もあったのに欲張りすぎて結局、損切りするハメになったときの後悔のほうが、よほどメンタルにこたえる」

というもの。

僕らがトレードで先制点を挙げ、「1-0」のスコアになったとき、「1-1」になるリスクを負ってでも「2-0」を目指すのか？　それとも「1-0」で勝ち逃げOKとするのか？

僕は迷うことなく勝ち逃げすることを選びますが、別に「2-0」を目指すトレードを否定するつもりはさらさらありません。

ただし、そういった場面で「じゃあ、自分はどうするか？」、自分のポリシーや判断基準を明確に決めておくことが、長期間にわたってFXの世界でメシを食っていくためには必要不可欠なことだと肝に銘じています。「1-0」のスコアを「2-0」にするときは、必ず、その背中に「1-1」や、ときに「1-2」になるリスクを背負ってしまいます。

そのリスクを背負ってでも「2-0」を目指すのであれば、それ相応なチャンスの場面を普段以上に我慢して、じっくり虎視眈々と待つ必要があるのではないでしょうか？

なぜ、こんな話をしつこいくらいに繰り返すのか？

それは「1-0」でスタートとしたゲームが「1-2」になった瞬間にメンタルが崩壊してしまい、終わってみれば「1-10」で敗退していくトレーダーを僕は何十人、何百人と見てきたからです。

僕はよく「**まぜるな、危険**」といいます。

たった10分、20分間の超短期売買で勝負したつもりが、損切りできずに、いつの間にか長期の塩漬け投資になってしまう——。損切りができないせいで、自分が勝負する時間軸をまぜこぜにしてしまうのが、FXトレードで一番やってはいけないこと。超定番の"負けパターン"です。

FXでプロ並みの腕前の人、というと「いつでもどこでも勝てる能力のある人」と、みなさんは思っているかもしれませんが、僕からいわせると、そんなの、大間違いです。

プロがプロたるゆえんは、「勝てる場面だけをやる」。特にデイトレードはそう。だからこそ、自分が勝てそうな局面やトレード時間、投入通貨量、目標pipsなどを、**自分なりにルール設定して、きっちり守ることが、プロがプロであり続けるための生命線になる**んです。

「トレードが上手とか下手というのは単なるうぬぼれ。上手なトレーダーほど、とっとと勝って取引を終える、いつまでもだらだらトレードしない」

このルールを守ったからこそ、僕はFXで勝ち残ることができました。

「日々、勝ち逃げ」

これこそが相場で生き残り続けるための秘訣なのです。

不治の病・コツコツドカン病にかからない方法

FXの取引対象である為替レートは、トレードする時間軸が長くなればなるほど、振れ幅も大きくなります。

僕のトレードスタイルは超短期間の小さな値動きを狙って、数億円単位の巨額資金を賭ける短期集中投資型です。

ただし、数億円もの巨額資金を賭けられるのは、トレード時間が10分、

20分と短く、想定される為替レートの振れ幅が小さいから。

　もし、**時間軸をより長めにして、数時間単位の値動きで儲けたい、という人なら、資金量はもっと小さく抑えるべき**です。

　僕のような巨額資金では、レートの振れ幅が大きすぎて、破滅への道をまっしぐら、という結果になるでしょう。

　僕が主戦場にしているのは5分足チャートですが、勤め人で四六時中、為替レートの値動きを見ることができない人は、より時間軸の長い1時間足や日足チャートを使ったトレードを行うしかありません。

　その場合、大切な資金を長時間、リスクにさらすことになるので、取引する資金量は数千万円単位、数百万円単位と…**時間軸が長くなるほど少なくしていくのがFX取引の基本**になります。

　損切りができなくて自分が決めた時間軸をついついズラして取引してしまうと、どうなるか？

　そういう人は100％必ずといっていいほど、コツコツ儲けて、ドカンと損してFXから退場！　になります。

　FXトレーダーの不治の病「コツコツドカン病」にかからないためにも、**トレードの時間軸や資金量、「死んでもここで損切りする」という損失許容範囲や損切りルールを厳格に設定する**こと。

「そのルールを守らないと、おっかない人にぶん殴られて、ぶっ殺される…」
　そのぐらいの気持ちで、自分が一度決めたルールは守ってください。

第 2 章

究極の
インジ
ケーター

"天才チャート"
まずは基本から

天才チャートで
目指せ・月収100万

天才チャートのおかげで「師匠」と呼ばれるように

僕はクルマの運転が大好きで、その日のトレードのことを考えながら愛車のレクサスLCに乗って高速道路を走ったりします。

そんなとき、とてもスムースに車線変更ができたりすると、「おっ、この感覚、FXのトレードに似ているな」と思います。

クルマの運転もFXのデイトレも、ゲスな話ですが、女性の方々の扱い方も「場面、場面で機転を利かせる」ことが、とっても大切ですね〜。

むろん、スムースに車線変更できたからといって、「俺様、センス、いいっ〜！」なんてうぬぼれていたら、大事故に遭う可能性も高いのでご注意ください。

それはともかく、クルマを運転するとき、ハンドルやアクセルやシートやギアなど「運転席」がとっても大事なように、FXトレードにおいて最も大切なのは為替レートの値動きを体感するためのチャートツールであるのはいうまでもありません。

及川式FXの「快適で優秀な運転席」といえるチャートツール、それが**MT4上に定型チャートとして登録できる「天才チャート」**です。とりあえず「学ぶはマネる」から及川式FXを始めるためには、この「天才チャート」の利用が避けて通れないので、その見方を解説しておきましょう。

図2-1は、僕がいつも見ている「天才チャート」の時間軸「M5」すなわち5分足チャートです。

複数のインジケーターが搭載されていますが、まずは、チャート上に表示された線がなにかを一つ一つご紹介します。

図2-1 天才チャートの構成要素の名称と見方

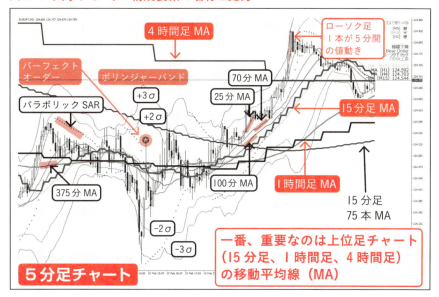

- ローソク足（5分足チャート）
- 上位足移動平均線（ギザギザが特徴）
  - 15分足の10本（150分）移動平均線
  - 1時間足の10本（10時間）移動平均線
  - 15分足の75本（18時間45分）移動平均線
  - 4時間足の10本（40時間）移動平均線
- 5分足チャートの移動平均線（滑らかなのが特徴）
  - 5本（25分）移動平均線
  - 14本（70分）移動平均線
  - 20本（100分）移動平均線
  - 75本（6時間15分）移動平均線
- ボリンジャーバンド（20本移動平均線からのレートのばらつきを示す）
  - バンドは+−2σ、+−3σの4本

第2章 究極のインジケーター "天才チャート" まずは基本から　41

【再掲】図2-1 天才チャートの構成要素と見方を覚える

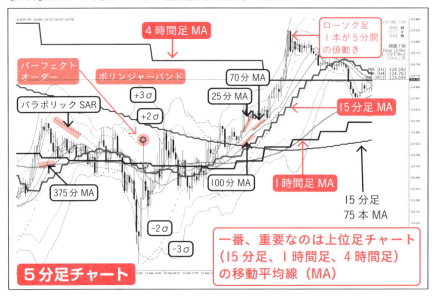

● インジケーター「Colored MA」

　５分足チャートの30本移動平均線。上昇局面は緑、下降局面は赤、横ばいに近い局面は点線で示されるなど、トレンドがわかるようになっている。上位の15分足MA（150分移動平均線）と同じ期間設定にしているので、その「補助ツール」として使う。

という合計13本の線が表示され、それとは別に

● インジケーター「Perfect　Order」

　上昇トレンドがいったん小休止したあと、再び上昇が始まったところに乗る「押し目買い」、下降トレンドが失速したあと再び下落が加速するところに便乗する「戻り売り」ポイントを、☆印の点灯で教えてくれるインジケーター（その設定条件は後述）

●パラボリックSAR

点線からトレンドの加速状況を判断。パラボリックの点線がローソク足の上にあって右肩下がりのときは下降トレンド、ローソク足の下で右肩上がりのときは上昇トレンドと判断。

点線とローソク足が交差すると、点線の位置（ローソク足の上か下か）が反転する。

となります。

「天才チャート」のそれぞれの線にはかなり深い意味があり、実際のトレードにも役立つものばかりなので、一つ一つ、僕が重視するもの順に解説していきましょう。

ローソク足こそFXトレードの原点

まずはローソク足。表示する大きさにもよりますが、**5分足のローソク足は当然のことながら、為替レートの5分間の値動きを示したもの。**「たった5分間で1本」ですから、1秒、1秒、時間が進むごとに最先端のローソク足の形はめまぐるしく変化します。

及川式FXは同じデイトレードでも時間に超敏感で、**エントリーしてからおよそ20分間でエグジットすることを目指します。**

エントリーから20分たっても利益が乗らないポジションは効率が悪いので、なるべくプラマイゼロでも逃げる、というのが及川式デイトレの基本です。ポジションを持ったということは「その方向に値動きが伸びる」と判断したわけですから、20分待っても伸びないのは、そのトレードが失敗だった証しになります。

また、**相場は1時間単位、もっと細かくいうと30分単位で新たな動き出しが起こる**もの。

つまり、「○○時ジャスト」や「○○時30分ちょうど」といった時間にフレッシュで力強く動くことが多いんです。もし、そうした30分ごとの

図2-2 千変万化する5分足と及川式20分ルール

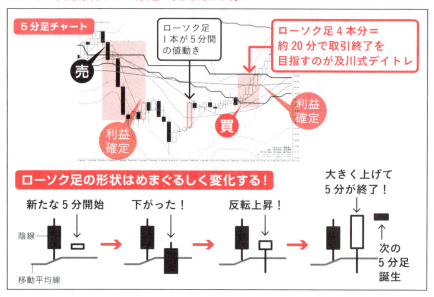

値動きがエントリーした方向性と反対の場合、20分以内に決済しないでウジウジこだわっていると、大損するリスクもあります。

　だから、**及川式は20分ルール厳守。エントリー後、5分足チャートのローソク足が4本〜5本できた時点で、イメージ通りの値動きになって、すでに勝ち逃げしているのが理想**です。もし、イメージと違った値動きになっていたら、すでに損切りしているのが基本になります。

　ポジションを持ったまま、ローソク足の「あーでもない、こーでもない」という値動きに一喜一憂していることほど、時間の無駄はありません。

　イメージ通りに動いたら、「まだ伸びる」という思いがよほど強いものでない限り、利益確定します。

　そのあと、実際、まだまだ伸びて儲かっていた！　となっても、とりあえず利益を確保しているのですから、欲張らなくていいじゃないですか。

　反対に予想と反対の方向に為替レートが動いた場合は、ナンピン（損失の出たポジションをさらに増やして購買単価を下げること）も考えます。

ただし、「**ナンピンするにしても絶対、1回まで**」というのも、及川式FXの鉄の掟です。ナンピンすることで、失敗したトレードをリカバーし、含み損の幅をなるべく減らして、プラスマイナスゼロ近辺まで持っていく手法も用いますが、通常はローソク足4本＝20分以内で容赦なく損切りしてしまうぐらいの気持ちで臨んでください。

「**絶対、ローソク足4本**」と決めることで、エントリーの場所を入念に選んで、「ここなら、かなりの確率でこう動く」と十分な確信が持てる場所でしかエントリーしない"クセ"がつきます。

「天才チャート」の右上には「次足まで残り○分○秒」という表示があります。5分足チャートの最先端のローソク足が、あと何分何秒経つと終わって、次の新しい足が生まれるかを示したものです。

その秒数もよく見て、「**ローソク足4本**」**で、値動きが加速して勝負に勝てそうなチャートポイントや時間帯だけを狙って取引する。**

これが及川式デイトレの第一歩になります。

一番注目してほしいのは上位足MA

「天才チャート」には、たくさんの移動平均線やボリンジャーバンドなどテクニカル指標が表示されています。

それぞれの線は直近の高値や安値などと同様に、ローソク足の動きに対してサポート役（支持帯）になって下落を食い止めるクッションになったり、レジスタンス役（抵抗帯）になって上昇を阻む壁になったりします。

では、どの線がサポートやレジスタンス、略して「サポレジ」として重要かというと、当然、直近のローソク足から一番近い場所にある線なり高値・安値ラインなり、バンドになります。

中でも、**及川式FXが最重要視するのは、5分足に対して「上位足」**（時間軸が長い足）**となる15分足チャートや1時間足チャートの移動平均線**です。短い時間軸で起こる値動きは、より長い時間軸の中で起こっている値動きの一部を切り取ったものであり、当然ですが、より長い時間軸の値動きか

第2章　究極のインジケーター　"天才チャート"まずは基本から　　45

ら大きな影響を受けています。

　5分チャートの中で起こっている値動きは、15分足の中の値動きの一部ですし、もっといえば1時間足というコップの中の水に起こった、ほんのちょっとしたさざ波にすぎません。

　そのさざ波から20pipsを基本に、欲をいえば30pips、うまく行かないときは10pips程度のわずかな値幅を、大量ロットで「こそげとる」のが、男・及川圭哉の戦う"戦場"になります。

　「短い時間軸の動きは長い時間の値動きに支配される」のは絶対真理といえるので、おのずと及川式FXでは、1時間足チャートの潮流、15分足チャートの方向性を5分足チャート上で確かめながら、これら上位足の移動平均線にローソク足が接したところを、エントリーの第一候補と考えていきます。図2-3を見てください。天才チャートで示している上位足の移動平均線は、

① 15分足チャートの10本（150分）移動平均線

　　（今後は「15分足MA」と呼ぶ。カラーチャートでは黄緑色）

② 1時間足チャートの10本（10時間）移動平均線

　　（今後は「1時間足MA」と呼ぶ。カラーチャートでは紺色）

③ 4時間足チャートの10本（40時間）移動平均線

　　（今後は「4時間足MA」と呼ぶ。カラーチャートでは茶色）

④ 15分足チャートの75本（18時間45分）移動平均線

　　（今後は「15分足75本MA」と呼ぶ。カラーチャートでは灰色）

　という4つの線になります。

　その特徴は15分、1時間、4時間に一度しか平均値が変わらないため、5分足チャート上では「ギザギザ」というか「カクカク」というか、線が"階段"型になっていること。

　ギザギザの高さが変わったところが、それぞれの上位足の時間帯の代わり目になるので、ギザギザに注目することで時間経過に対する意識が自然

図2-3 天才チャートのギザギザ上位足MAに注目!

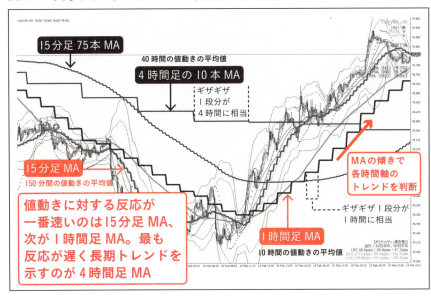

と生まれるようになっています。

　15分足や1時間足チャートの10本移動平均線はともかく、4時間足MAや15分足の75本MAは、平均値を算出する時間軸が長いため、直近の5分足チャートに値動きが出て、上か下に大きく動くと、チャート上から消えてしまうこともあります。

　逆に、4時間足MAや15分足75本MAが、拡大した5分足チャート上にちゃっかり出現し、直近のローソク足とからみ合っているようなときは、値動きが相当煮詰まっているときか、これまでと反対方向にトレンドが転換するシグナルになります。

　なぜ移動平均線の期間がそれぞれ10本分かは、いろいろ僕が試してみて、「10本」というのが一番しっくり来たからです。

　天才チャートで一番目立つ、4本のギザギザ移動平均線=**上位足MAは、5分足を支配する、より時間軸の長い上位足で起こっている「トレンド」を示している**と考えてください。

第2章　究極のインジケーター　"天才チャート"まずは基本から　47

そのトレンドに対して、支配下にある5分足がどう反応して動くかを見定めて、エントリーポイントを決めるのが及川式FXの基本中の基本になります。

上位足MAの中でも15分足MAと1時間足MAが最重要

　上位足MAは合計4本表示されていますが、その中でも**最も重要なのは、15分足MAと1時間足MA**です。

　15分足MAは5分足チャート上で起こる値動きを支配している比較的短期のトレンド、1時間足MAは長期トレンドを示している、と考えてください。

　天才チャートでは15分足MAは黄緑、1時間足MAは青で表示されますが、本書の図版はモノクロなので、かなり太目に表示して目立つようにしています。

　及川式FX取引の基本戦略は、15分足MA、1時間足MAが右肩上がりで上昇トレンドのとき、いったん、ローソク足が15分足MAまで下がってきたあと、再上昇に転じるところを狙った「押し目買い」。

　もしくは2本の線が右肩下がりで下降トレンドのとき、ローソク足がいったん15分足MAまで上がったあと、再び失速して下げに転じるところを狙った「戻り売り」になります。

　たとえば、**図2-4**はドル円が上昇トレンドから反転下落したあと、再度、反転上昇に転じた場面ですが、図のAの地点の陽線が15分足MAを再ブレイクして上昇したところでエントリーするのが典型的な押し目買いのパターンになります（本来の及川式ではエントリーする時間帯が欧州時間の始まりかどうかなど、取引する時刻にものすごくこだわりますが、それはまた第3章で説明します）。

　この場合、直近高値までの距離は約28pipsで、損切りのポイントを下値にある右肩上がりの1時間足MAにしておけば、7pipsの損失で済む計

図2-4 上位足MAを使った押し目買いの基本パターン

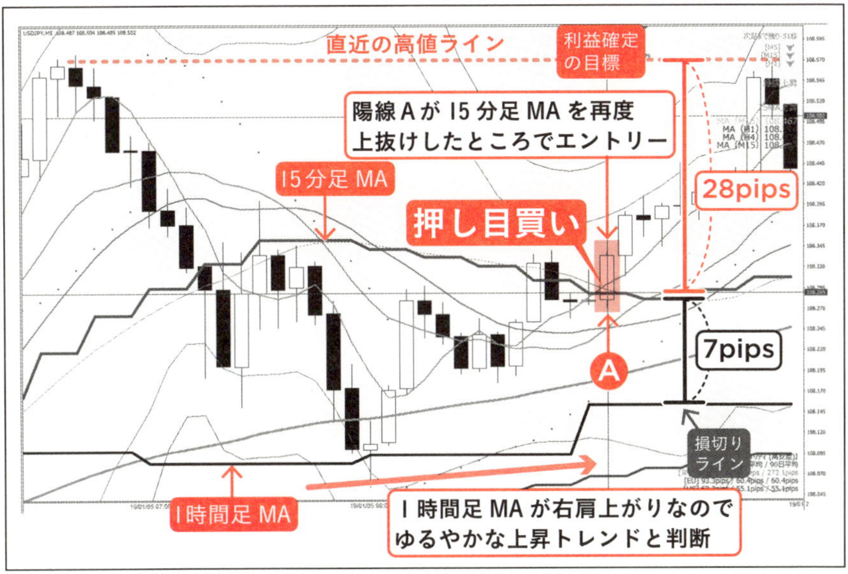

直近の高値ライン

利益確定
の目標

陽線Aが15分足MAを再度
上抜けしたところでエントリー

15分足 MA

28pips

押し目買い

7pips

A

損切り
ライン

1時間足 MA

1時間足 MA が右肩上がりなので
ゆるやかな上昇トレンドと判断

算です。想定される利益に比べ、想定損失はそれほどでもないからGO、
買いで勝負してもいい、といった判断で取引します。

　あとで見るように、及川式FXでは当初、**決めた目標利益と損切りライ
ンまでの値幅が2:1ぐらいにならないとエントリーはしません。**

　卑怯者に徹するなら、絶対に勝てる場面でしか勝負しないことが大切で
す。勝ち逃げが及川のモットーですから、負け遅れは最悪。

　見込まれる利益の値幅に対して、損切りの幅を狭くして、傷が少ない
うちにすぐ損切りしてしまうためには、利確目標の高値までの値幅が
20pipsとするなら、損切り目標は下値10pips程度のところにあるのが望
ましいエントリーポイントになります。

「それだと損切り貧乏にならないか？」

　という声が聞こえてきそうですが、第3章でご紹介する「通貨ペアの相
関関係」と「時間帯管理」を徹底することで、可能な限り、勝てそうな場
面でしか勝負しない、すなわち、勝率をできる限り、上げることで損切り

第2章　究極のインジケーター　"天才チャート"まずは基本から　**49**

貧乏に陥らないようにするのが、及川式FXのトレードマネジメントになります。

図2-5は下降トレンドの戻りを売り叩くケースですが、この場合も右肩下がりの15分足MAをエントリー根拠にして、ローソク足が下落したあと反転上昇して、いったん15分足MAにタッチしたところで売りを入れるのが、戻り売りの基本パターンになります。

もし予想に反して上昇が続いた場合、15分足MAやそれに近接する5分足の75本MAを越えたら損切りと決めておけば、その値幅は数pipsしかなく、損切りになっても痛手を負いません。直近安値までは26pips程度あるので、リスクを限定したうえで大きなリターンを狙うことができます。

これが**及川式FXにおけるエントリーの重大な根拠になる「リスクリワード」という考え方**です。

とりあえず、まずは「天才チャート」の見方に慣れてもらうのが先決なので、ほかの要素についても解説を進めていきましょう。

図2-5　上位足MAを使った戻り売りの基本パターン

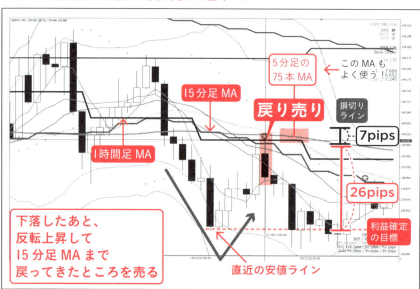

たえず直近高値・安値を意識する

「ローソク足1本は5分間」という意識のほかに、**値動きを見るうえで重要なのは直近の高値・安値**です。

　為替レートはどんな時間軸でも、上がっては下げ、下げては上げという「N字型」の値動きを繰り返します。

　そのため、天才チャートを見るときは**たえず「直近の高値や安値はどこにあるか」に注意する**ようにしてください。

　僕はいつも直近高値・安値に赤いラインを引いて、その線と現在レートの関係から売買戦略を練るのを日課にしています。

　5分足チャートの場合、チャートの拡大率を上げると非常に狭い範囲の値動きしか表示できません。

　直近高値・安値を探すときは、MT4の上部タブにある虫メガネマークの拡大・縮小タブをクリックしましょう。

　次に、少し長めの時間幅で見て、値動き全体に影響を与えていると思われる高値や安値に線を引いてください。

　ラインを引くのはローソク足の実体かヒゲかどちらか、という議論がありますが、僕はそれほどこだわりません。

　あまりに長いヒゲの場合、異常値の可能性もあるので実体ベースで引くこともありますし、同じレートに2度ヒゲがタッチして、そのレートに意味がありそうならヒゲベースでラインを引きます。

　たとえば、次ページの**図2-6**はオージー円が上昇トレンドから下降トレンドに転換する局面です。

　Aの地点で直近高値ラインを越えられなかったことが、トレンド転換の前兆シグナルになっています。

　その後、オージー円は密集した上位足MAを割り込んで下落しますが、その際、重要になってくるのがローソク足aとbの実体下辺を結んだ安値ラインBです。

　オージー円はいったんBを割り込んだあと、上昇に転じたものの、右肩

図2-6 直近高値・安値を意識して値動きのリズムをつかむ方法

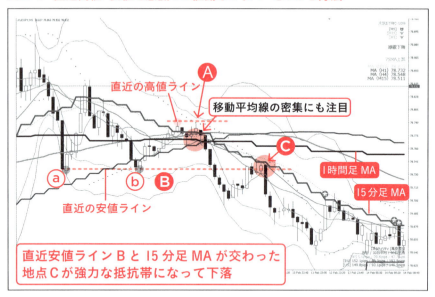

下がりの15分足MAとラインBが交差した地点が強力なレジスタンスになり、下降に転じています。

ローソク足がラインBにタッチしたCのポイントは、及川式では「逆行上位足のファーストタッチ」といって鉄板の戻り売りポイントになります。

直近安値ラインBを意識できていれば、逆行上位足に加えて、直近安値という、もう一つの強力な抵抗帯があるわけですから、より確信を持って売りを入れることができる、というわけです。

さらに、**直近高値・安値が重要になるのは、値動きが加速したとき**です。為替レートの上昇や下降が一方通行で続くと、ローソク足が移動平均線を置いてけぼりにして突っ走ることになるので、移動平均線を使った売買判断ができなくなります。

そんなときは、直近の高値や安値しか、エントリーやエグジットのタイミングを測る根拠にならない局面も多くなります。

「この高値で上げ止まったら逆張りの売り」「この高値をブレイクしたら追随買い」、もしくは「この安値で下げ止まったら買い」「安値を割り込んだら追随売り」といった判断で取引することが増えるので、直近高値や安値の重要度がより高くなるんです。

5分足チャートの3本の移動平均線はトレンド信号

「天才チャート」の中には、5分足チャート自体の移動平均線も4本表示されています。

平均値の算出期間は5本（25分）、14本（70分）、20本（100分）、75本（375分=6時間15分）で、直近足の終値（まだ未完成の場合は現在値）に応じて変化していきます。上位足移動平均線のようにギザギザではなく、滑らかな直線になっているのが、その特徴です。

こちらの移動平均線はエントリーやエグジットのポイント探しというよりも、5分足という短い時間軸における値動きの勢いやトレンドの変化を見るのに使います。

5本MAは最も短期の移動平均線ですが、よくいわれるように、ローソク足が5本MAを下から上に抜ければ上昇の勢いが強くなった証拠、上から下に割り込むと下落の勢いが強まったシグナルになります。

14本、20本MAの上抜け、下抜けも同様です。

パソコンで天才チャートを見ると、3つの5分足MAには「信号機」をイメージした色がついていて、5本線は水色、14本線は黄色、20本線はピンクになっています。

3本の移動平均線の並びが、5本>14本>20本という、信号機の青が一番上の並びなら上昇トレンド、20本>14本>5本という信号機でいう赤が一番上の並びなら下降トレンドと判断します。

値動き加速のシグナルとしては、5本、14本、20本という3本のMAのバラけ具合が参考になります。

及川式トレードが狙うのは、3本の線がさほどバラけておらず、時には

第2章　究極のインジケーター　"天才チャート"まずは基本から　53

からみ合った状態から一気にバラけ始める初動を狙う取引になります。

5本、14本、20本MAに上位足の15分足MAや1時間足MAも加わって移動平均線がもつれ合い、値動きが膠着してきた、といった状況になったら、その後、どちらかに大きく動くものです。

中でも、「○○時ちょうど」という時間の節目や欧州市場の開始など、相場参加者が新たな取引を始める時間帯は値動きが一気に加速することが多く、その「動き始め」や「ファーストタッチ」を虎視眈々と狙うのが、及川式FXの基本戦略なんです。

逆に値動きが加速してしまったあとは、行き過ぎの反動が怖いので、高値追い・安値叩きといった超順張りトレードはあまり行いません。

75本MAは1時間足MAの代用としても使える

図2-7にも示したように、5分足の移動平均線の中で、最も期間の長い75本MAは、6時間15分にも及ぶ5分足ローソク足の終値の平均値なので、その傾きはより長期的なトレンドの方向性を示したものとして、実戦でもかなり注目します。

上位足MAと比べると、1時間足MA（期間10時間）よりは短いものの、15分足MA（期間150分=2時間30分）よりはかなり長く、トレンドが続いているときは、1時間足MAに近いレベルを推移することが多くなります。

たとえば、15分足MAにローソク足がタッチしたら売買という及川式の定番エントリーの場面で、1時間足MAがエントリーポイントから離れ過ぎているときは、代わりに損切りポイントの目安や利益確定の目標ラインに5分足75本MAを設定することも多くなります。

75本MAの傾きは5分足チャートの長期的なトレンドを示しているので、そのトレンドに沿ったエントリー、すなわち、75本MAが下向きなら売り、上向きなら買いでのエントリーが成功しやすいなど、トレンド判断にも使えるMAなので実戦でも利用価値大です。

図2-7　5分足の4つの移動平均線の見方、使い方

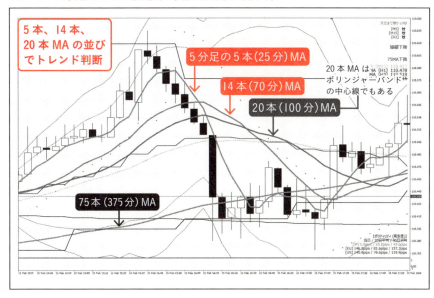

ボリンジャーバンドはバンド幅の収束・拡散を見る

　天才チャート上には、中央の移動平均線（5分足チャートの20本移動平均線）からの為替レートの"ばらつき具合"を表示した、おなじみのボリンジャーバンドも表示されています。

　ただし、標準偏差（期間中の平均的なばらつき具合）を示す±1σを表示するとうるさいので、96％の確率で値動きがその中に収まるといわれる±2σ、99％超の確率でその中に収まる±3σを表示しています。

　いかに値動きが激しい5分足チャートという時間軸でも、±3σを越えるような値動きが長時間続くことはあまり、ありません。そのため、次ページ図2-8にもあるように、**±3σにタッチする行き過ぎた動きのあと、反転して5分足チャートの5本MAを逆側に越えたところなどは、上がり過ぎ後の売り、下がり過ぎ後の買いなど逆張りのターゲット**になります。

　ただ、僕自身はボリンジャーバンドを使って売買判断することは少なく、

第2章　究極のインジケーター　"天才チャート"まずは基本から　　55

図2-8 ボリンジャーバンドと「垂れボリバン」での利確

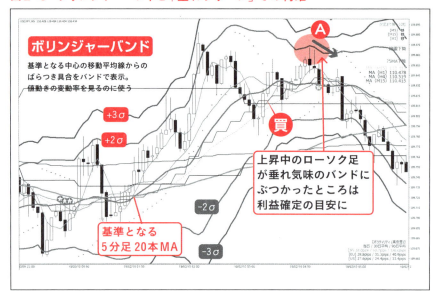

　値動きの勢いを判断する「補助ツール」的に使います。たとえば、バンド幅が縮小した状態から一気に拡大に転じれば、それは値動きが加速している証拠なので、他のMAのサポレジシグナルでエントリー場所を探すなど、バンド幅の収束・拡散は値動きの加速や収束の状況判断に使えます。

　及川式デイトレは**バンド幅が収縮から拡大に転じる瞬間に飛び乗るのが基本**になります。

　さらに、僕が勝手に命名した**「垂れボリバン」は、バンドが拡大から収束に向かう値動きの中での利益確定ポイントに活用**できます！

　比較的長いスパンでの取引じゃないと、なかなか「垂れボリバン」でエグジットということはありませんが、図2-8でいうとAのポイントが「垂れボリバン」にローソク足がタッチしたところです。

　上昇トレンド継続中にいったんローソク足が下落して15分足MAを割り込んだあと、再び上抜いたところで買いを入れた場合、ボリンジャーバンドの+2σラインが下向きに垂れてきたAの垂れボリバンタッチが利益

確定の目安になります。

逆に売りで勝負しているときは、下落の勢いが失速してボリンジャーバンドが拡散から縮小に転じたところにローソク足がタッチしたら利益確定。こちらは「逆垂れボリバン」（変な名前っすね！）になります。

インジケーター「パーフェクトオーダー」は初心者向き

「天才チャート」の画面上には、ときどき、☆印のマークが表示されます。これは及川式FXにおけるトレードシグナルが成立したときに点灯するもので、その設定条件は、

●5分足移動平均線が上から順に5>14>20の上昇トレンドの並びのときにローソク足が上から15分足MAにタッチすると☆（緑色）マーク点灯で押し目買いシグナル。そのとき、1時間足MAと5分足の75本MAが上向きだと緑の丸に白抜きの☆マークになり精度アップとなります。

●5分足移動平均線が上から順に20>14>5の下降トレンドの並びのときにローソク足が下から15分足MAにタッチすると★（赤色）マーク点灯で戻り売りシグナルに。さらに、そのとき、1時間足MAと5分足の75本MAが右肩下がりだと、赤丸に白抜きの★マークになり、より精度がアップ。

となります。

特に、より条件が揃った白抜き☆印は及川式FXの押し目買いや戻り売りポイントをかなり正確にとらえることができています。ただ、当たるときもあれば、ダマシで終わるときもあるので、シグナルを鵜呑みにしないようにしてください。

第2章　究極のインジケーター　"天才チャート"まずは基本から　57

図2-9 押し目買い、戻り売りポイントを示すパーフェクトオーダーの☆印

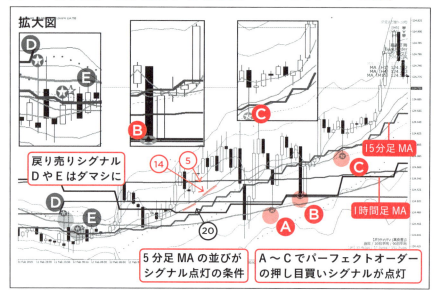

　図2-9はポンド円の5分足チャートですが、上昇トレンドが続いて、5分足MAが5本＞14本＞20本の並びになっていました。

　こういうときは、いったん下落して下値にある上位足MAにタッチしたあと、上昇が再加速する押し目買いのポイントを探したいもの。そういうときに役立つのが、パーフェクトオーダーのシグナルになります。

　図でいうと、A、B、Cの地点で白抜き☆印のシグナルが点灯していて、結果的にいうと、シグナル点灯で買いを入れていれば儲かりました。

　Cの地点のように**移動平均線が右肩上がりで上昇の勢いが鮮明なときに点灯する押し目買いの☆印シグナルのほうが的中率も高い**と思います。

　AやBは結果的には成功していますが、15分足どころか、いったん1時間足MAも割り込んでいるので、シグナル点灯で即、押し目買いするにはとても勇気のいる場面です。

　また、それ以前に出た戻り売りシグナルのDやEは完全なダマシに終わっていますし、**シグナルすべてが的中することはありません！**

58

インジケーターに設定したルール通りに売買していたら、どんどん儲かるなんて、夢物語は存在しません。

FXセミナーの参加者さんとお話したりすると、「とにかく絶対に100％勝てる必勝法だけを教えてくれ」という人によく会います。そういう考え方だと、残念ながらトレード技術の向上はなかなか見込めません。

売買シグナルにダマシは付き物。「このシグナル、当たらない」と必勝シグナルの"ポイ捨て"ばかりしていたら、永遠にトレード技術の向上は見込めません。

「じゃあ、どんな条件が揃うと的中しやすくなるのか」「どんなとき、ハズれやすいか」と、**もう"一工夫""ひと手間"、加えることが大切**なんです。

僕が実戦でパーフェクトオーダーをもとに売買するとき、**よく使う"一工夫"は**「時間帯」です。

第4章の鉄板シグナルで紹介しますが、**パーフェクトオーダーは欧州市場が始まる夕方の16時**（夏時間のときは15時）や「〇〇時ちょうど、もしくは直後」に点灯すると、テクニカルの効きがよく、当たりやすくなる、と考えています。

とにかく、FXという"戦場"では、シグナルに頼りっぱなしではなく、自分自身の頭でしっかり考えることが大切なんです。

パラボリック、30本のColoredMAは参考程度に

「天才チャート」には他にも、点線がローソク足の上下に出るテクニカル指標の「パラボリック」や移動平均線の色でトレンドを把握する「ColoredMA」が表示されています。

パラボリックは「放物線」という意味で、上昇や下降の勢いを点線でローソク足の上や下に表示するものです。

とっても簡略化していうと、期間中の最高値・最安値やその後の高値・安値更新をもとに値動きの加速度を測るのがパラボリックで、上昇中はローソク足の下にあって上昇を下支えする形になり、下降中は上にあって

値動きの重石になる形になります。

　パラボリックの点線とローソク足が交わったところが上昇/下降の転換点になり、値動きの反転・転換を狙った売買ポイントになります。

　パラボリックの位置がローソク足の下から上に陰転したら下降トレンドへ転換、上から下に陽転したら上昇トレンドに転換と判断します。

　ColoredMAは、5分足チャートの30本移動平均線をトレンド状況別に色分けしたものです。

　ColoredMAの設定期間は、及川式FXにおける売買判断のメインツールである15分足チャートの10本移動平均線（15分足MA）と同じ150分間の為替レートの平均値を描画したものです。

　上位足MAの場合、たとえば15分足なら15分ごとに一度、1時間足なら1時間ごとに1度しか変化せず、5分足の「天才チャート」上では、カクカクした動きになります。

　それに対して、**5分足チャートの30本MAは、15分足MAと同じ時間の平均値ですが、滑らかな曲線になっており、15分足MAの補助ツールとして使う**ことができます。

　しかも「天才チャート」では、この5分足チャートの30本MAが上昇トレンドなら緑の線になり下降トレンドなら赤の線、トレンドレスなときは点線になります。

　まっ、これは参考資料程度で、僕が売買判断の主な根拠にしているのはあくまで上位足の15分足MA、1時間足MAですが、パラボリック、ColoredMAもトレンド状況を判断する参考ツール、補助ツールとして活用することができます。

第3章

鉄板トレードで勝ち逃げ！

及川式"鬼デイトレ"初〜中級編

リスクリワード
＝おいしいとこ獲りの発想

利益2：損失1でエントリーできる場所を探す

　FXトレードで勝ち続けるための理想は、「ここでエントリーしたら100％間違いなく勝てる」と確信できる場所でエントリーすることです。

　しかし、悲しいかな、FXに「100％」はありません。「100％勝てる」と思って取引しても、負けてしまうこともあるのが、一寸先は闇のFXの世界です。「未来のことを100％予測することなどできない」か弱い人間の中でも、徹底的な "弱者" である僕ら個人投資家が "勝者" になるためには、じゃあ、どうすりゃいいのか？

　その答えは、「100％はありえないものの、**90％、80％、少なくとも70％は勝てるかもしれない場面**」だけを厳選して、選びに選び抜いて、待ちに待って、満を持してトレードするしかありません。

「下手な鉄砲、数撃ちゃ当たる」では勝てないわけですから、下手であればあるほど、FXの初心者であればあるほど、鉄砲を撃つ（＝取引を行う）回数を厳選しないことには、勝てるものも勝てないわけです。

　僕がFXトレードで厳守している第一の鉄則、それが「リスクリワード」という考え方です。

　僕が日々行っているデイトレードの世界では、漫然と、ただ、なんとなくエントリーしたら勝てちゃった、というビギナーズラックが長く続くことはありません。

　エントリーする前に、エントリーするかしないか判断するだけでなく、エントリー後に「ここまで伸びたら利益確定、ここまで予想と反対方向に行ったら損切り」という、ビジョンというか、シナリオというか、ルールをちゃんと決めてからエントリーしないと、いつか必ず足元をすくわれ、

資金全損でFXからオサラバ、という地獄に直面してしまいます。

たとえば**図3-1**のAのように、利益確定まで10pipsしか狙えそうにない場面で、損切りまでの距離が10pipだとすると、リスクリワードは1:1。この場合、勝率が5割、50％でも、やればやるだけスプレッドやスリッページの分だけ負け続けていくことになります。

僕たちが狙うべきなのは、図のBのような場面です。

利益確定まで20pips狙えそうな反面、損切りまでの距離が10pipsしかなく、**想定できる利益と損失が2:1のような状況のとき**です。

これなら、1のリスクを背負いながら、2のリターンを目指すわけですから、勝率50％でも取引を重ねていけば利益が出ます。

さらに、勝てそうな場面だけを厳選してエントリーすることで、勝率を60％、70％、80％近くまで上げて、取引で得られる利益をできる限り増やすことを狙います。

とっても簡単にいうと、これが「リスクリワード」の考え方です。

図3-1　「リスクリワードがいい／悪い」はこう判断する

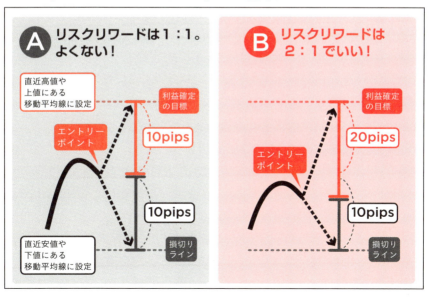

リスクリワードを意識したエントリー方法

エントリー、そして利益や損失のエグジット設定には、「天才チャート」に表示された移動平均線や直近の高値・安値を使います。

「1万円儲かったら利食い、5000円損したら損切り」とか、「どんなときも100pipsで利食い、50pipsで損切り」といったリスク管理もあるかもしれませんが、僕は邪道だと思いますね。

FXの取引は確固とした自分自身の取引ルールを設定して、そのルール通りになれば利益確定を行い、ルール通りにならなければ損切りする、というのが王道だと思います。

「額面」や「pips数」ではなく、**あくまで今、起こっている値動き自体から「ここまで伸びる」という利益目標と、「ここまで反対方向に行ったら、取引失敗」という損切り目途を決めるべき**です。

僕の場合、そのルールにあたるのが、「天才チャート」に表示された数多くの移動平均線やテクニカル指標、インジケーターのサインになります。

中でも、非常によく使うのは、上位足MA。

5分足チャートよりも長い時間軸（＝上位足）である1時間足チャートの10本（10時間）MAと15分足の10本（150分）MA、この2本のギザギザの線が僕の売買判断の主な根拠になっています。

5分足チャートの移動平均線の中で一番、期間の長い75本MAもよく使います。あと直近の高値や安値は、そのラインを抜けたらエグジットというように、主に利益確定や損切りのレート設定に利用します。

この第3章の後半で詳しく解説する「時間帯管理」と「通貨ペアの相関関係」という2つが、実は、及川式FXが及川式FXである、最も重要な核心部分になりますが、「天才チャート」を使った僕のトレード手法は極めてオーソドックスなものです。

すなわち、「15分足MAにタッチして反転下落したら売り」とか「15分足MAを抜けて上昇したら買い」というように、**今の為替レートのトレンドが上か下か横ばいかを意識しながら、移動平均線を“サポレジ（サポート**

帯やレジスタンス帯）"と見なし、そこを越えるか跳ね返されるかを根拠にエントリー。当然、エントリー後にどこで利益確定や損切りするかも、天才チャート上の移動平均線や直近の高値・安値などを基準にあらかじめ決めておきます。

では、1時間足MA、15分足MA、5分足の75本MA、直近高値・安値を使って、どのようにリスクリワードを測っていくのか？

図3-2は下降トレンドが続いている中でいったん上昇に転じたものの1時間足MAにぶつかって急落していく局面です。

為替レートが上昇に転じてまず15分足MAにぶつかったAの地点、その後、さらに上昇して1時間足MAにぶつかったBの地点、どっちがリスクリワード的に「おいしい！」といえるでしょうか？

むろん、これは結果がわかっているので、当然、AよりBのほうが「リスクリワードが合っている」のは明らかです。

図3-2　リスクリワードが合っているエントリーはどっち？

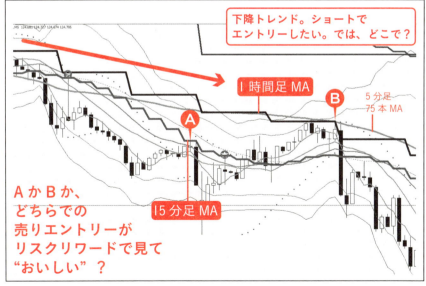

ただ、まだチャートがAの時点までしか進んでいないとした場合、**図3-3**に示したように、15分足MAタッチでショート（売り）エントリー、それより約10pips下値の直近安値の実体部分まで下がったら利益確定、約8pips上値の1時間足MAをローソク足の実体が越えたら損切り、という売買プランを立てることができます。

そのときの利益:損失は10:8になるので、確かに1:1以上ですが、それほどおいしい場面とはいえません。

しかし、チャートがBの地点まで進んで、1時間足MAタッチで売りエントリーした場合はどうでしょうか？

Bの局面では、1時間足MAのすぐ上値にある5分足75本MAをローソク足の実体終値が完全に越えたら損切り（約2〜3pips）、1時間足MAに跳ね返されて直近安値まで下落したら利益確定（約12pips）という売買プランを立てることができます。pips数はあまり大きくないですが、利益:損失は12:2とはるかによくなります。そこまで下がらなくても下値にある

図3-3　リスクリワード的に"おいしい"売買プラン

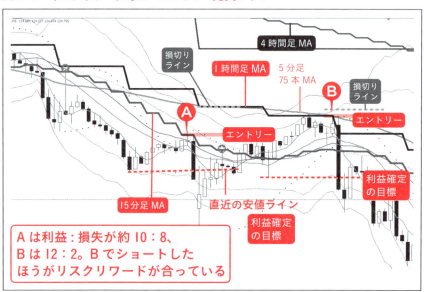

15分足MAまでの下落でも約7pipsなので、リスクリワードは約3倍。そう考えると、上昇しきったところを引き付けて売り叩くBの売買プランのほうがリスクリワード的においしいといえます。

むろん、予想がハズれたときの損切りポイントをたとえば、さらに上値の4時間足MAに設定していたら、リスクリワードが合っているトレードにはなりません。

つまり、リスクリワードが合っているかいないかは、その時点でいかに適切な売買プランを立てるかにかかっているといえます。

ただ、1時間足MAタッチで戻り売りして、その上にある右肩下がりの5分足75本線を越えてしまったら損切り、というプランはかなりオーソドックスで合理的なプランといえます。同様に、1時間足MAに押し戻されて、その下にある15分足MAまで下がったら利益確定、というプランも極めてオーソドックス。多くの市場参加者が同じような売買プランを立てていたとしてもおかしくありません。

つまり、**上位足MAや5分足の長期移動平均線、直近高値・安値などを使って、市場参加者の多くが意識していそうな売買プランを立てたとき、獲得できる利益のpips数が、損切りの想定pips数の2倍以上あれば、その売買プランは「リスクリワードが合っている」**、つまり僕的には、ガンガン強気に攻めていい取引になるというわけなんです。

上昇トレンドでリスクリワードが合っている場面

他の実戦例も見ていきましょう。

次ページ**図3-4**はポンド円の5分足チャートですが、15分足MA、1時間足MA、5分足の75本MAも右肩上がりの中で、いったん上昇したローソク足がAの地点で15分足MAにファーストタッチしています。

ここで買いを入れた場合、当面の利益確定目標になる直近高値の上ヒゲラインまでは約14pips、損切りラインを下値にある1時間足MAをローソク足の実体が完全に越えたところに設定すれば、その値幅は約7pips。

第3章　鉄板トレードで勝ち逃げ！　及川式"鬼デイトレ"初～中級編　　67

図3-4　上昇トレンドが続いているときのリスクリワード

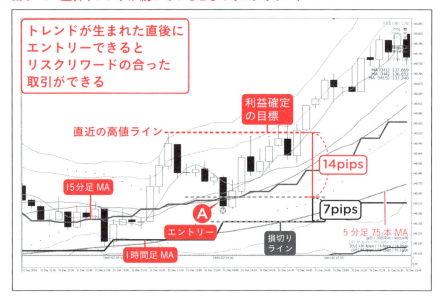

　利益:損失＝2:1ですから、「リスクリワードが合っている」状況といえます。

　上昇トレンドの初動というのは、上昇が始まったばかりの段階ですから、それまで為替レートは下落が続いていたか、横ばいで推移していたことになります。

　そんな場合、たいてい15分足MAと1時間足MAの距離も近づいており、15分足MAまで下がったところで押し目買い、予想に反して1時間足MAまで割り込んだので損切り、という失敗トレードになっても、食らう損失はそれほど大きくなりません。

　なにがいいたいかというと、「**なるべく利益が大きく損失が少なそうな場面」で勝負するためには、利益確定目標である前の高値・安値に比べて、ここで損切りすると決めた下値の1時間MAがエントリーポイントに近い状態であるほうが「リスクリワードが合いやすい」**ということです。

　そもそも為替レートの上昇がえんえん続くと、期間が長いMAほどローソク足の上昇から取り残され、置いていかれることになります。

つまり、「リスクリワード的に"ごちそう"」なのは、15分足MAという短期の移動平均線と、1時間足MAという長めの移動平均線の距離が近く、まだ上昇トレンドが始まったばかりの初動段階に多いということ！

だからこそ、僕は、新たなトレンドが始まった直後の15分足MAファーストタッチをFXトレード最大の収益源にしているんです。

むろん、トレンドの初動段階でしか稼ぎどころがないのは寂しすぎるので、為替レートがどんどん上昇を続けている間は、直近の高値をブレイクしたら買い、という高値追いの手法も駆使することになります。

再掲した下の図3-4でいえば、直近高値ラインBをブレイクしたCのポイントでエントリー。ただし、損切りポイントは下値の15分足MAだと距離がありすぎるので、エントリーの根拠になった高値ラインBをローソク足の実体が完全に下回ったときに設定します。

図では、陽線aが高値ラインBを抜けたのでエントリーしますが、その後、高値ラインBを完全に下回るような仮想陰線bが出た場合は損切りし

図3-4（再掲）高値追いでのリスクリワードの合わせ方

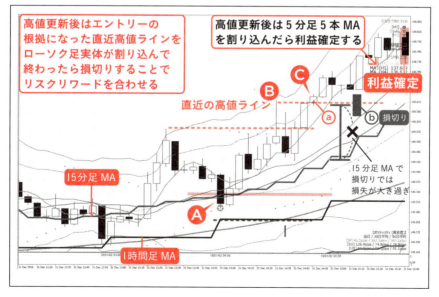

ます。**高値追いは上昇がえんえん続けば当然、儲かりますが、上がり過ぎた分、下げるスピードも速いので、下値にある移動平均線まで粘って損切りというのでは損失額が大きくなりすぎます。**

　エントリー根拠となった高値ラインなどを下回ったら即、損切りしないとリスクリワードが合わなくなってくるため、僕の大好きな「トレンド初動段階のファーストタッチ」に比べると、ちょっと難しいんです。

下降トレンドでリスクリワードが合っている具体例

　下降トレンドにおけるリスクリワードの例も見ておきましょう。
　たとえば、**図3-5**は僕がよくトレードするポンドオージーですが、それまで横ばいで推移していたところから、ストンと下落が始まっています。一番上にある5分足75本MAが右肩下がりですから、長期的に見たら、ずっと下落が続いたあとにいったん下げ止まってもみ合い相場で推移したもの

図3-5　下降トレンドにおけるリスクリワード

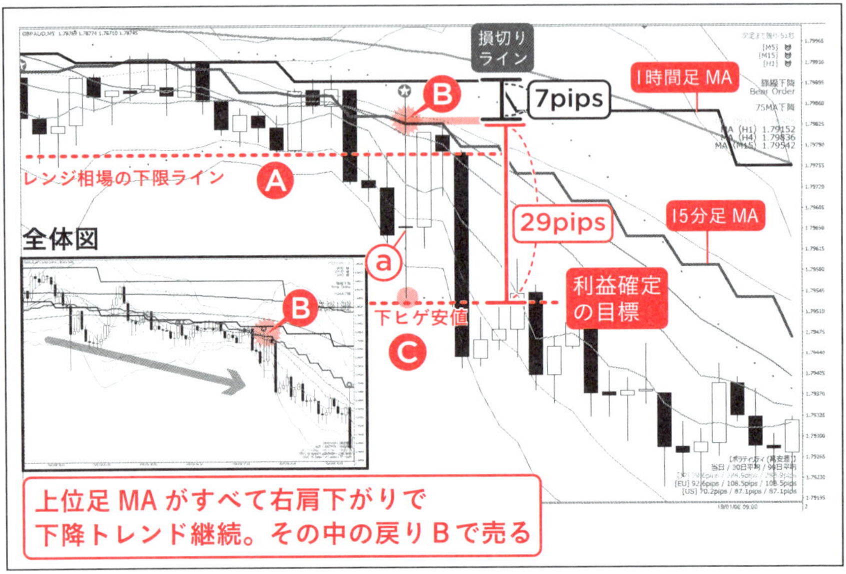

の、再び下落が加速した場面になります。

　図の場合、たとえば、いったんレンジ下限ラインＡを割り込んで下落したあと、長い上ヒゲ十字線ａが右肩下がりの15分足ＭＡを突き抜けたＢのポイントが下降トレンドにおける戻りのファーストタッチになります。

　この陰線ａの15分足ＭＡタッチが起こったＢでエントリーするなら、まだ下降トレンドの初動段階ですから、損切りラインにはすぐ上値にある１時間足ＭＡを選択。ローソク足の実体が１時間足ＭＡで越えたところまでの値幅は約7pipsになります。

　利益確定は一応、陰線ａの下ヒゲラインＣに設定すれば、約29pips。もみ合い相場を勢いよく下抜けしたわけですから、その下ヒゲラインをさらに下回る可能性も高く（実際、そうなりましたが…）、リスクリワード的に見てかなり"おいしい場面"です。

　図3-5の左下図はポンドオージーのより長い時間の値動きですが、大きな流れで見ても、下げ相場が続いたあと、いったんもち合いに転じたものの、いまだに4時間足ＭＡ>15分足75本ＭＡ>5分足75本ＭＡ>1時間足ＭＡ>15分足ＭＡと短期ＭＡが下にあって下降トレンドは鮮明です。

　その中で、もみ合い下限を割り込んで下がったあと、いったんその下限近辺まで上昇し、再び失速して下落を開始したのがＢのポイントになります。僕からすれば、買い手側はすでに弱りきっていて、ボコボコに段ってください、といっているような状況がありありと見てとれます。

　こういうところで「はい、わかりました」と、容赦なく便乗して"殴りかかる"、いや売りを浴びせるのが卑怯者の卑怯者たるゆえんなのです。

　ちなみに、図3-5のような「下落後、いったん上昇して上値の抵抗帯（この場合、15分足ＭＡ）を抜けたものの、結局、力なく下落する」という「抜けたあとの戻り」を、及川流に表現すると、買い手は一度パンチを食らってダウン。なんとか再び立ち上がって反撃に出たはいいものの、またもや売り手のカウンターパンチをモロに食らってバタンキューになってしまった状態です。及川式デイトレでは、非常に重要で、とっても"おいしい"エントリーポイントになるので、ぜひ覚えておいてくださいね。

第3章　鉄板トレードで勝ち逃げ！　及川式"鬼デイトレ"初〜中級編　　71

僕の利益の6割以上はショート。売りはおいしい

　FXの値動きは上昇より下落のほうがなぜかスピードが速く、テクニカルの効きもいいように思えます。

「あっ、これ、下げそうだな」という場面から実際にその通り、ガクンと下げることが、買いの場面以上に多くなるので勝率も高くなります。

　FXで月1000万円以上稼ぎ続けている僕のトレード成績表を見ると、利益の6割以上はショート（売り）。売りは買い以上に手っ取り早く、結構、大きな値幅を稼げて効率もいいし、短期間で荒稼ぎできるところがなんといっても大きな魅力なのです！

　図3-5のような"下げ始め"の場合、すぐ上値に右肩下がりの1時間足MAがあって、予想に反して上昇しても、そこで損切りすれば傷が浅くて済むので安心感があります。

　また、長期間、下降トレンドが続いている中で、やっとこさ、上値の15分足MAを抜けたものの、その上値に控える右肩下がりの1時間足MAをさらに上抜けるには相当な買いのパワーが必要です。

　そのため、まずは15分足MAタッチで打診売りを入れたあと、もし、そこから1時間足MAまで上昇したら、買いのエンジンが切れることを見越して1時間足MAタッチでも追加の戻り売りを入れる、という作戦も、僕がよく使う、売りの常套手段になっています。

　リスクリワードの考え方をおさらいすると、移動平均線や前の高値・安値など、市場参加者が意識しやすいテクニカルの節目は、FXという戦場にとって「砦」のようなもの。

　もし勝ちたいなら、負けたときに素早く逃げ込める「砦」がなるべく近くにある場所で戦ったほうが断然、有利だ、と思いませんか？

　負けたときに逃げ込める陣地が近くにあればあるほど、相手もビビって攻めてこないので、勝ったとき、前に進める距離も長くなるのです。

実際のチャートは毎秒毎秒、変化する「生き物」

FX本の多くは、「ほら見てください、このローソク足の上ヒゲ。高値を目指して上昇したものの失速した証拠です。こういう場面で売ると儲かるんですよ！」と過去のチャートをもとに、売買シグナルを解説しています。でも、実戦派の僕からすると、「過去のチャートを持ち出して、ここで買ったら儲かった」なんて、もっともらしく語るのは後講釈にしか聞こえません。

実戦のFXでは、現在の為替レートというのは最前線の崖っぷち。自分が勝負しようと思うローソク足の先は真っ白でなにもありません。

たとえば、「右肩下がりの移動平均線にファーストタッチでぶつかったから売り」というとき、そのローソク足aは次ページの**図3-6**のように実体部分（現在値）が移動平均線にぶつかっている状況です。

その後、為替レートが下落し、このローソク足が上ヒゲで終わって（b）弱さの象徴になるか、それとも移動平均線を突き抜けて見事な大陽線（c）で終わるか、どっちに転ぶかは、タッチした時点では誰にもわかりません。

僕が「戻りのファーストタッチを狙って売る」のは、この状況です。

用心深い人の中には、実際に一つのローソク足が上ヒゲの形で終わってから初めてショートでエントリーしたいという人もいるでしょう。

ただ、その場合でも、次のローソク足が下げに転じるかどうかは、そのローソク足が完成してみないとわからないわけです。

つまり、**エントリーする瞬間のローソク足はどんなときも「未完成」**なんです。

図3-6 実戦で「ローソク足の上ヒゲでエントリー」はありえない

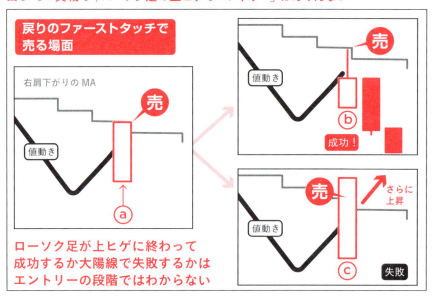

図3-6でも、読み通り、右肩下がりの移動平均線が抵抗帯になって下がるか、それとも、移動平均線を突き破ってぐんぐん上がるか、どっちに転ぶかに100％はありません。

右肩下がりの移動平均線は強い抵抗帯ですから、その強い抵抗帯をブチ破った！　となると、その上昇力はかなり強力なものといえます。

そう考えると、ここで逆張りの売りを入れるのは「怖い、おっかない」と感じてしまう人がいてもおかしくはないでしょう。

でも、いつもFXトレードをしていて思うのは、

「怖いと思う場面で取引しろ！　危険だとみんなが感じてしまうときほど、おいしい局面はない」

ということ。この例の場合、もし右肩下がりの移動平均線をローソク足の実体が完全に越えたら損切りすればいいだけですから、リスクリワードは合っています。

「リスクリワードが合っているなら、なにをやってもいい」

というのが僕の信念です。

きちんと損切りできるメンタルがあれば、一か八かに見える怖い場面こそ、実は一番"おいしいところ"といえるのです。

リスクリワードが合ったレンジ相場とは?

上昇、下落と見たので、次はレンジ相場でのリスクリワードの合わせ方を見てみましょう。

スイングトレードのように、数日間から数週間といった比較的長めのトレードの場合、為替レートが上昇もしくは下落し続けないと儲かりません。

対して、**デイトレは為替レートが行ったり来たりを繰り返すレンジ相場の上下動でも、大量ロットで勝負すれば十分稼ぐことができます**。

十分どころか、レンジ相場がえんえんと続けば、上がったところで売り、下がったところで買いを入れていれば永遠に儲かり続けるわけですから、デイトレにとってレンジ相場は願ったりかなったりの状況ともいえます(むろん、あまりに値幅がないところをこちょこちょ、こちょこちょ動いているだけではスプレッド負けして儲かりませんが…)。

次ページの**図3-7**はドル円が上昇後に高値圏でレンジ相場に移ったときの値動きです。レンジの上限は高値aを起点にしたAのライン、レンジ下限は安値bがタッチして反転上昇した1時間足MAと想定できます。

今後もレンジ相場が続くようなら、高値ゾーンAにタッチしたら売り、安値の1時間足MAにタッチしたら買い、という戦略が有効になります。

損切りポイントは上限となるAのラインや下限となる1時間足MAをローソク足の実体が完全に上抜けたり割り込んだりしたところと決めれば、リスクリワードの合った取引が可能です。

たとえば、高値ラインAに一度跳ね返されて、2度目にタッチしたあと、陰線cが直近高値を割り込んだ地点で売り、高値ラインA越えで損切り、下にある15分足MAで利益確定という売買プランで臨めば成功しました。

第3章　鉄板トレードで勝ち逃げ！　及川式"鬼デイトレ"初〜中級編　75

図3-7　リスクリワードの合ったレンジ相場での取引例

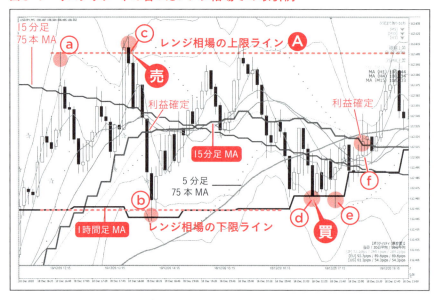

　逆に下落後に、右肩上がりの1時間足MAに陰線dでタッチした地点で買うと、その後、いったん1時間足MAを下ヒゲで割り込む陽線eも出現して、結構、ウダウダした息の長いトレードに巻き込まれることになりますが、15分足MAを突破したローソク足fが長い上ヒゲで終わったあたりで利益確定すれば、かなりの値幅を稼げました。

　これもまた、すでに終わったチャートを使った"結果論"、"後講釈"に過ぎませんが、**レンジ相場の場合は、図でもわかるように移動平均線が密集することが多く、売買根拠になる"サポレジ帯"を探しやすいので、比較的、初心者の方でも取引しやすい**といえるでしょう。

　当然、レンジの上限で売った場合はその上限をローソク足の実態が完全に抜けてしまったら損切り、レンジ下限で買った場合はその下限を完全に割り込んだら損切りというルールを厳守して、リスクリワードが合ったトレードを心がけるべきなのはいうまでもありません。

FXの働き方改革！
タイムプロフィット

理想は保有20分、20～40pips抜き

　FXはなにが起きるかわからない、一寸先は闇の世界です。

　テクニカル指標では絶対買いの場面でも、直後に最悪な経済指標が発表されれば、テクニカルなんかまったく無視され、怒涛の下げが襲いかかってきます。

　より時間軸の長いスイングトレードだから安心かというと、そうでもありません。今ならあのトランプ大統領がツイッターになにかを発言するたびに、相場の雰囲気やトレンドは一転して変わってしまいます。

　寝ている間にもサプライズな要人発言や経済指標、意表を突くような政治的事件や戦争・テロが次々と勃発する状況で、海外口座に30ロット（＝300万通貨＝3億円超）のポジションを持ったまま、すやすや眠るなんて芸当は、いかに"神経極太"の僕でもなかなかできません。

　確かに長期的スパンで見れば、低金利の円を売って高金利のドルを買えばスワップポイントが稼げて、それなりに儲かるかもしれません。

　でも僕たちがFXに求めているのは、10年20年間地道に投資を続けていたら、30年後に資産が2倍に増えたなんて世界でしょうか？

　少なくとも、僕は、もっともっと"劇的に"、"非常識に"、ガチ速でお金を増やしたい！

　だからこそ、レバレッジ25倍の日本の口座では飽き足らず、レバレッジ500倍超でも平気な海外の会社に口座を開設して、日夜、FXの世界で悪戦苦闘しているんです。

　そんな一歩先は五里霧中、視界絶不良のFXの世界、特にデイトレードなど短期売買の世界で最も安全なステータス、それは「ノーポジ」（ポジショ

ンを持たないこと=FXの取引をやってないこと）以外ありません。

当初、スイング派だった僕がデイトレに鞍替えしたのも、「FXの取引時間は短いほどいい」ということに気づいたから。

これを及川語で「タイムプロフィット」といいます。

僕が理想とするデイトレは、

「保有時間が20分程度で、20〜40pipsの伸びを獲って終わる」

というもの。20〜40pipsでも10万通貨の取引なら2〜4万円、常日頃、僕が取引している300万通貨なら、60万〜120万円の爆利になります。

日本のFX口座でも100万円の資金があれば、最大レバレッジは25倍なので、大前提となる損切りルールを厳守できれば、10万通貨程度の取引は十分できるので、効率よく利益を積み上げていくことができます。

むろん、20pipsで利食いなんてもったいない！ と感じる人もいるでしょう。50pips〜100pips（ドル円でいえば50銭〜1円の値幅）が狙えるような、もっと大きなトレンドを根こそぎ、もぎ獲ることができれば、それに越したことはありません。

ただ、同じ未来でも、5分先、10分先のことなら、ある程度は予想できます。それが1時間先、1日先、1週間先、1年先と…時間が長く遠くなればなるほど、正確な予想はしづらくなります。

5分後に20pipsぐらい伸びそうだ、というのは見通せても、5時間後に100pipsぐらい獲れそうだと、わかっちゃう人は、僕からしてみると、天才か嘘つき以外の何者でもありません。

FX最強のステイタス・ノーポジを最大限活用する

確かに、日足チャートと1時間足チャート主体のテクニカル分析をもとに、最初から50pipsを狙うトレードビジョンで臨むなら、それはそれでまったく問題ありません。

スイング取引を安心して行うには、反対方向に多少動いてもビビらないほどの取引量に抑えるなど、リスク管理がデイトレ以上に大切になってき

ます。

でも、狙うpips数が大きくなればなるほど、ポジションを保有する時間が長くなればなるほど、その間に起こるドラマの"悲喜こもごも"度合というか、"喜怒哀楽"指数はどんどん高くなっていきます。

たとえば、当初、50pipsの利益を狙っていたのに、いったん利益が20pipsまで伸びたあとに5pipsまで減ってしまったら当初の50pipsはどこへやら、5pipsでしぶしぶ利益確定してしまうような人。

はたまた、いったん20pipsの利益を見てしまったせいで、5pipsまで利幅が減っても逃げることができず、そのうち、損益がマイナスに転じてしまい、ルール外のナンピン買いを入れて、結果、大損失をこうむってしまうメンタルの持ち主。

そんな人は、最初から「50pipsを目指すのが間違いだった」ということに気づくべきです。

そこで大切になってくるのが、「タイムプロフィット」の考え方。

すなわち、時間を細かく分け、予想通りの方向に為替レートが伸びたら、すぐにいったん利食いすること。

そのあと、さらに伸びたとしても、それはしょうがない、と割り切ること。自分はすでに儲かっていて、今はノーポジで、資金がマイナスになる心配はなく、人生安泰なんだから、悔しがる必要はありません。

もし、再びチャンスと思えるような「リスクリワードが合った場面」が来たらエントリーしなおせばいいだけです。

ノーポジほど、冷静沈着に、一点の曇りもなく、公平な目で為替レートの値動きを見ることができる"ステータス"はありません。

取引を小分けにしてノーポジの時間を極力増やすこと、だらだら取引を続けないこと。

それが、僕の常日頃心がけているFXの"働き方改革"、「タイムプロフィット」の考え方なんです。

値動きを「細かく切り取って」儲ける

たとえば、**図3-8**はポンド円の5分足チャートの下落局面ですが、4時間足MAが右肩下がりで、長期的には下降トレンドが続いている状況で、ローソク足がその4時間足MAに2度当たって跳ね返されたあと、安値圏でもみ合っていました。

そのあたりの移動平均線を見ると、15分足MA、1時間足MAに加えて15分足の75本MAまでが、かなり狭い値幅に集まっています。

移動平均線がこのように集中して狭い範囲でもつれあっている状況はいわゆる「膠着相場」ですが、5分足チャートの場合、この状態はそれほど長く続くことはありません。

「移動平均線が狭い範囲で集まる→次にどちらかに大きく振れる可能性が高い」というのが経験則上、かなり有効なルールになります。なので、制限時間20分前後の及川式デイトレでは、このあと、起こるかもしれない

図3-8 実戦例で見るタイムプロフィットの考え方

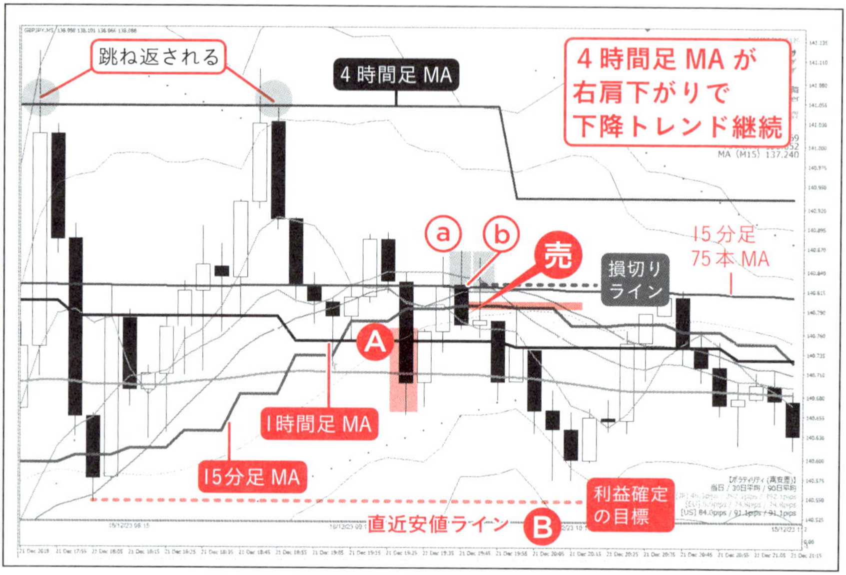

急展開を狙って、虎視眈々とチャンスをうかがう"待ちの時間"になります。そんなとき、いったんローソク足がAのゾーンで1時間足を割り込んだあと、再び上昇に転じて、陽線aの上ヒゲが15分足の75本MAにタッチしました。その次の陰線bも同MA越えにトライしたものの、跳ね返されて下落。すぐ下にあった15分足MAを割り込んだあたりで売りエントリーした、としましょう。

　この場合、すぐ上にある15分足75本MAをローソク足の実体が完全に抜けたら損切りと決めた場合、想定される損失額は約6〜7pips。

　対する利益確定目標に直近安値ラインBを設定した場合、そこまでの値幅は約24pips程度とかなり大きくなり、利益3以上:損失1程度でリスクリワードは完璧に合っています。

　エントリーポイントのすぐ下にある1時間足MAやその下の5分足75本線を完全に下抜けすると、移動平均線の密集状態からの下放れで、「下落が加速しそうだ」という予想を立てることもできました。

　図3-8以降の値動きも追加して示したのが次ページ**図3-9**です。

　陰線bの15分足MA割れで売りエントリーした直後、次の陽線cの上ヒゲ（取引時点では実体）がいったんエントリーしたポイントを越えて上昇しましたが、すぐにローソク足は1時間足MAを割り込み、5分足の75本足MAも下抜けて下落が加速しています。

　でも、ここで調子には乗らないほうがいい、というのが時間を小刻みに分け、小さく切り取るタイムプロフィットの発想です。

　このエントリーは全体が下げ基調の中、いったん反転上昇したものの再び下げる「下げの戻しが失敗に終わったあとの下げ加速」を狙ったもの。その下げが当初の利益目標だった直近安値B付近まで続いたものの、結局、そこまで届かずに陽線dで反転上昇した以上、ここは一度あきらめてdの陽線が5本足の5本MAを越えた地点で利食いしてしまったほうがいい。

　次ページ**図3-10**は図3-9の続きですが、いったん腹八分目で売りを利益確定したあと、**メンタル最強のノーポジで値動きを眺めれば、また新たなショートのチャンスを着実にとらえることができる**はずです。

第3章　鉄板トレードで勝ち逃げ！　及川式"鬼デイトレ"初〜中級編　　81

図3-9 下落局面を小刻みに分けて考える方法

図3-10 直近安値で下げ加速の場面で再びエントリー

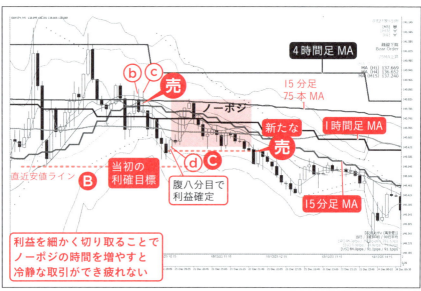

すなわち、いったん反転上昇したあと、15分足75本MAが壁になって失速し、陽線dの実体下辺やその後の下ヒゲ安値などが重なったラインCを割り込んで下落したところで売りを入れれば、その後の急落を利益にできました。こちらもまた「下げの戻しが失敗に終わったあとの下げ加速」パターンですから、陰線が連発してこれほど急落することがわかっていなくても、ラインCの直近安値割れでとりあえず売らない理由はありませんでした。

　ただ、これもまた結果論。もし、安値ラインCを割り込まずに反転上昇した場合は、いったん損切りして、再びノーポジでチャンスを狙うことになったでしょう。

シナリオを細かく分けることで時間の無駄を防ぐ

　ここでいいたいのは、たとえば「移動平均線を割り込んだあと、いったん上昇したものの、すでに割り込んだ移動平均線が抵抗帯になって再び下落する」というN字型の値動きのシナリオまでは思い描けますが、「そのあと、その下落も長く続かず、再び上昇。でも、やっぱり下落してしまいます」なんて、長ったらしい値動きまでは絶対に読めない、ということです。

　これはどの時間軸でもそうですが、**一つのシナリオを立てて、そのシナリオに沿った取引をしたときは、シナリオがハズれたときだけでなく、うまく予想が当たった場合も欲張らず、思い描いたシナリオと少しでも違った展開になったら利益確定してしまったほうがいい**、ということ。

　だらだらと曖昧な値動きに付き合うのは、はっきりいって時間の無駄です。利益が出ていないポジションを「利益が出ないと悔しい」と思って、だらだらと損切りをためらっているのは、貴重な時間をゴミ箱に捨てるようなもんだ！　と肝に銘じてください。

　もし、曖昧な値動きのあと、さらに予想通りの方向に伸びたら、また新たなシナリオのもとに、再び入り直せばいいだけなんですから。

　それを防ぐのは、①たとえデイトレードでも「ここはチャンスだ」とい

第3章　鉄板トレードで勝ち逃げ！　及川式"鬼デイトレ"初〜中級編　　83

うところだけを厳選してエントリーすること。②勝ち逃げ優先、逃げ遅れ厳禁でさっさとエグジットすること。③ノーポジの時間をなるべく増やすことで、メンタル的にも体力的にも冷静さと余裕を持ったトレードに徹すること。これが及川流タイムプロフィットの考え方なのです。

図3-11は、図3-8～10の全貌を示した全体図ですが、ダブルトップで4時間足MAを抜けられなかった局面（①）、その後、反転上昇して、いったん上値のレジスタンスにトライしたものの反落。もう1回トライしたものの再びカウンターパンチを受けて下落した局面（②）、ダブルトップ形成後の安値ラインCを割り込んで下落が加速した場面（③）と、およそ3つの場面があります。ただ、この通りの順番で最後に陰線が連発して安値Dの地点まで急落するなんて、誰にもわかりません。

だからこそ、値動きの展開を見ながら、「ここは小さく切り取る場面」、「ここは伸びたら入りなおす場面」というように、シナリオ別に時間を細かく分けるタイムプロフィットの考え方が大切になるんです！

図3-11　大きな値動きを小さく切り取って眺める方法

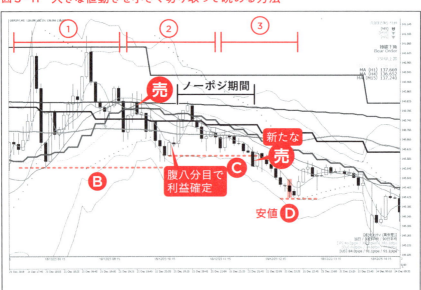

参加者増の時間帯！時間管理こそデイトレの生命線

時間帯を制するものがFXを制する

リスクリワードとタイムプロフィットという及川式FXの基本を見てきました。しかし、ここまではあくまで「基本のキ」でしかありません。

ここからが、人生6回も無一文になった僕がFXで年収1億円プレイヤーになり、なんの因果か「師匠」と呼ばれ、教え子の中に数多くの億トレーダーが生まれる原動力になった及川式FXの核心部分。

それが「時間帯管理」と「通貨ペアの相関関係」です。

まずは「時間帯管理」からお話しましょう。

よく「FXは24時間取引可能な自由な市場」といわれますが、これは真っ赤なウソといってもいいぐらいで、24時間オープンしているからといって、1日中トレードを続けているトレーダーはいません。

むろん、人工知能を使ったコンピュータなら疲れ知らず。相場のゆがみを狙って、小刻みな利益を少しは積み上げられるかもしれません。でも、僕らは人間。

「どんな人間も必ず眠る」以上、コンビニのように24時間オープンといっても、FX市場は時間帯によってまだら模様で、その表情や性格も時々刻々と変わっていくものなんです。

たとえば、この本を読んでいる人で、ユーロポンドのチャートを見たことがある人は何人いるでしょう？

同じ東京時間内にオープンしているオセアニア市場ですが、豪ドルとニュージーランドドルの交換レートがいくらか知っている人、います？

FX歴10年という投資家さんでも、ポンドオージーやユーロオージーをガチンコで取引した人は少ないはずです。

第3章　鉄板トレードで勝ち逃げ！　及川式"鬼デイトレ"初〜中級編　　85

つまり私たち日本人投資家が、朝7〜8時ぐらいから昼の15時、16時ぐらいまでに取引しているのは、圧倒的に「日本円がらみ」のドル円、ユーロ円、ポンド円、オージー（豪ドル）円が多い、ということ。

　ユーロカナダドルとか、ユーロNZランドドルとか、激レア"希少"通貨ペアを取引している人は変わり者どころか、個人投資家レベルでは100人もいないんじゃないでしょうか。

　それと同じように、欧州市場がメインになる時間帯にFX市場で多くの投資家の関心を集めているのは、ドル円でも豪ドル円でもなく、ヨーロッパで暮らす人にとって極めて馴染み深いユーロや英ポンドやスイスフランがらみの通貨ペアだと思いませんか？

　同様にNY市場がオープンする夜の21時から深夜3、4時頃までの中心通貨はあくまで米ドル。特に取引量の多いのは、ユーロドルや英ポンドドルになります。

　むろん、NY市場がオープンしている深夜には、仕事帰りの日本の兼業FXトレーダーも大挙参戦するので、ドル円なども活発に取引されています。しかし、時にはそれと同じぐらいのテンションで、日本じゃ、とんと馴染みのないドルスイスフランとか、ドルカナダドルの取引高も増えているはずなのです。

　つまり、「FXはコンビニ並みに24時間オープン」といわれていますが、時間帯によって取引されている"商品"（＝通貨ペア）が違ってくるということ。さらにいえば、ある地域で市場が始まった直後と市場が終了する直前では、取引に対する投資家のテンションも異なる、ということです。

「時差がない通貨」が、その時間帯の主役になる

　地球が朝から昼、夕方から夜、深夜から早朝へ、ぐるりと1回転する間、FX取引の中心時間になるのは、プロのディーラーや個人投資家などが起きている朝から夕方になります。

　では、東京が朝から夕方のとき、投資家たちが最も取引する通貨とはい

えば、なんでしょうか？

　当然、僕たちの財布の中にあって、いつも使っている自国通貨の日本円になります。東京と豪州、ニュージーランド、アジア諸国はたいした時差がないので、東京時間には時差のない豪ドルやニュージーランドの取引も活発になります。

「テクニカルは統計学」というのが僕の持論です。

　市場参加者が増えて、取引が活発な通貨ほど、チャートを見て売買する投資家も増えるので、「この移動平均線にぶつかったから反転上昇する」、「この安値を割り込んだから下落が加速する」といったテクニカルのシグナルも当たりやすくなるのです。

「赤信号、みんなで渡れば怖くない」じゃありませんが、「テクニカル、みんながそれをもとに売買するから当たりやすい」というのが、テクニカル分析の本質なのです。

　よくテクニカルの売買シグナルが"ダマシ"に終わると、「全然当たらないじゃん。ダメダメじゃん」といって使い捨てにする人がいますが、僕からいわせると、「この人、テクニカルの本質がわかっちゃいないな」と思いますね。

　テクニカルのシグナルが当たるかハズれるかは、ひとえに、そのテクニカルを使って売買判断する人が多いか少ないかによって決まります。

　つまり、**テクニカルが当たるか当たらないか、という視点ではなく、そのテクニカルが当たりやすくなる大前提、つまり市場参加者が多いか少ないかに敏感であることが、実は、テクニカル分析を使ったFXの売買では一番重要**なことなんです。

　その作業を抜きにして「このテクニカルは100％当たる」というのは嘘八百ですし、「このテクニカルは全然ダメ」と切り捨てるのは努力不足もいいところ。

　テクニカルを生かすも殺すも、市場参加者次第。だからこそ、市場参加者が多くなる時間帯に、多くの投資家が最も取引している通貨ペアはなにか、という視点なり、意識なりが必要になってくる、というわけですね！

第3章　鉄板トレードで勝ち逃げ！　及川式"鬼デイトレ"初〜中級編　　87

東京時間午前中のトレード・ルーティン

　では、24時間続くFX市場における、それぞれの時間帯の値動きグセや注目ポイントを、時間経過を追って解説していくことにしましょう。

　午前9時から午後15時ぐらいまで続く東京時間、夏時間だと昼15時、冬時間だと夕方16時ぐらいから始まる欧州時間、さらに夏時間では21時、冬時間では22時ぐらいから始まるNY時間という3つの時間帯にわけて細かく見ていきます。

　まずは東京時間ですが、東京時間というのは欧米が夕方から深夜の時間帯でFXの取引はアジア中心になり、世界全体で見た取引量もかなり落ちています。そのせいもあって、**為替レートが"自主独立"で力強く動くということが比較的少なく、同じ時間帯に取引されている日本株や米国のNYダウ先物など、株式相場の影響を非常に受けやすいのが特徴**です。

　たとえば**図3-12**は、2019年1月10日のドル円と日経平均株価の推移ですが、午前10時台の日経平均株価の急落につられるように、ドル円も午前10時に大きく下落。10時台から12時にかけて小幅にリバウンド上昇しているのもいっしょ。その後、図にはありませんが、午後はベタ凪の横ばい相場で終わりました。

　日経平均株価が先か、ドル円が先かは微妙なところですが、株価の値動きのほうが早くて大きなケースが多く、日経平均株価が下落基調なら、ドル円もショート主体の取引を意識すべきです。

　東京時間のトレードでは必ず午前9時から始まる日本株市場において、**日経平均株価が「上昇スタートなのか？ 下降スタートなのか？」を確認する――これが東京時間のルーティンワーク**になります。

　そして、**同じアジア通貨であるオージードルがらみの通貨ペアや、ユーロ円、ポンド円が同じ方向に「揃って一気に動いたら」その動きに乗る**、というのが基本戦略。**株価との連動性が乏しいときは、値動き自体が乏しいと考えてまず間違いないので、取引は控えたほうが無難**です。

図3-12　ドル円と日経平均株価の日中の値動き・連動性

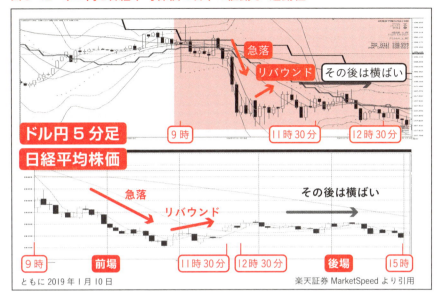

まとめると、下記の2点がポイント。

- 日経平均株価が上昇している日→オージードルがらみの通貨ペア&クロス円の5分足チャートで買いシグナルが出たら、強気にロング（買い）で勝負。保有時間も比較的長めでいい。反対にショート（売り）は手堅い利食いに徹して、なるべく慎重に行う。

- 日経平均株価が下落している日→オージードルがらみの通貨ペア&クロス円で売りシグナルが出たら、ショート（売り）で強気の勝負。反対にロングは手堅く利食うことを優先する。

また、午前9時30分や10時30分頃には、オーストラリアや中国で経済指標が発表され、相場が急変動することがあります。
ネットのFX関連サイトで「今日はどんな指標が発表されるか」をあら

かじめ頭に入れておいて、その時間が近づいたらノーポジの様子見に徹するなど、経済指標がもたらす「訳のわからない値動き」になるべく巻き込まれないように準備しておくことが大切になります。

ただ、中国の経済指標は時間が厳密に決まっているわけではなく、突如発表されることもあるので注意しましょう。

東京時間午後のトレード・ルーティン

日本の株式市場は午前9時から11時30分までが「前場」、12時をまたいで12時30分までがお休みで、12時30分から「後場」が始まり、15時に「大引け」となって終了します。

日本の株式市場がランチタイムに入る11時30分から12時30分までの1時間は、投機筋といわれる大口投資家が薄商い（売買が乏しい状況）の中、仕掛け的な動きを起こしたりしがちです。意図的に個人投資家を「ハメ込む」ようなトラップ満載の値動きになることも多いので、取引をしないでノーポジで様子を見ているほうが無難です。

12時30分になって、日本株市場の後場が始まると、前場同様、それに連動する形で、FX市場にも新たな値動きが生まれます。

午後の値動きは、午前とは完全に別物だ、と割り切ってください。

12時ちょうどからの30分間は、12時30分から始まる「新しいトレンド」を見極めることが大切になります。

参考になるのは、日本株市場が昼休みの間もずっと取引されている日経平均先物やNYダウ先物の動きです。

昼休み中にこういった先物市場に大きな動きが起こると、為替レートも午前とは真逆の動きが午後になって始まったり、午前中のトレンドがさらに加速する値動きになったり、「大きな変化」が生まれます。

及川式FXで狙うのは、市場参加者が多くて、取引に厚みがあり、売買高も豊富なとき。そういう時間帯は多くの投資家が、チャートをもとにした売買判断を行うので、「テクニカルが効きやすい時間帯」になります。

「じゃあ、どんなときにテクニカルが効きやすいか？」というと、まだ市場が始まったばかりで、取引参加者が「さあ、取引を始めるぞ」という"動き出し"の時間帯になります。**及川式では、テクニカルの効きがいい、この「相場が始まったばかり」の時間をとっても重視**します。

東京時間の午後の取引が本格化する12時30分〜13時も、ある意味、仕切り直しのプチスタートの時。取引に厚みが出て、テクニカルが効きやすいので、チャンス満載なんです。

逆に、時計の針がチクタク15時に近づき、東京市場での取引がそろそろ終了という時間帯になると、市場参加者がどんどん減っていくので、値動きにも勢いがなくなります。

たとえば**図3-13**左のチャートは、ある日の13時40分のドル円の5分足です。僕はこのチャートを見てショートエントリーしました。なぜなら、東京時間終了までの残存時間が1時間30分しかなく、その時間内に下向きの1時間足MAや5分足75本MAをぶち抜いて上昇するほどのパワーは

図3-13　13時40分のドル円に起こったトレンドは続かない？

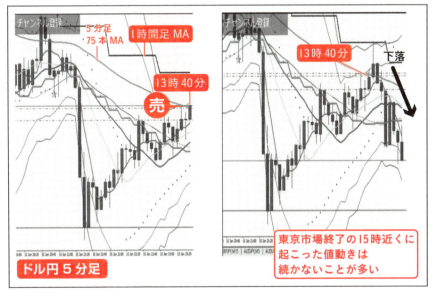

ない、と判断したからです。

その後の値動きは図3-13の右チャートのようになりました。いったんドル円は上値の1時間足MAにタッチしますが、実体が完全に抜け切ることはなく上ヒゲで終わり、その後、力なく下落。トレードは成功しました。

市場が開いたばかりのときは新鮮で力強い値動きが起こりやすいので順張りでその動きに乗る。逆に市場が終わりに近づいたときに生まれた値動きにはそれほど力がないので、逆張りのチャンスをうかがう。

トレードする時間帯によって、取引のスタイルを変えることがとても重要になってくるわけです。

稼ぎどき・欧州時間のトレード・ルーティン

夏（3月最終日曜日から10月最終日曜日まで）なら15時、冬（それ以外の10月末から3月末まで）なら16時——。それがロンドンなど欧州でFXの取引が開始される時間です。

欧州では今、夏時間の廃止が議論されているようですが、夏時間が廃止された場合は、1年を通じて16時が欧州市場のスタートになります。

欧州、特に英国のロンドン市場は、FXの取引高が世界で最も多いことで知られています。

欧州時間の始まりこそ、僕、及川圭哉が最も頻繁にFXトレードを行い、利益の大半を稼ぎ出す"超おいしい時間帯"といっても過言ではありません。

欧州時間が始まる15時（夏時間）からの30分は激しい乱高下が起こる「魔の時間帯」になることも多く、最初の30分はうかつに手を出すと大やけどしてしまう可能性も高いほどです。

比較的穏やかだった東京時間から一転して値動きに勢いがつき、これまでとは真逆のトレンドが突然始まったり、そうかと思うと再び反転して逆方向にぐんぐん動いたり、下手をすると、往復ビンタを食らうこともあるので、30分刻みで細かくトレードを組み立てていく必要があります。

ただし開始から1時間が経過して夏時間なら16時ぐらいになると値動

きも幾分、落ち着いてくるので、頼もしいトレンドが出ているときは1時間刻みのロングスパンでエントリーを考えてもいいでしょう。

欧州時間は通貨ペアの相関関係に注目する！

　欧州時間、いやFXの取引をするうえで僕が常に注目しているのが、通貨ペアの「相関シリーズ」です。

　あとで、とことん詳しく説明しますが、通貨ペアには日本円がからんだ「円シリーズ」、ドルがからんだ「ドルシリーズ」、ユーロやポンドなど欧州通貨がからんだ「ユーロシリーズ」「ポンドシリーズ」などがあります。

　こうした**通貨のシリーズが揃って、同じ方向に動くということは、そのシリーズ全体にかなりしっかりしたトレンドが生まれている証拠**になります。たとえば、ドル円が上がり、ユーロ円、ポンド円、オージー円も上昇しているということは、とにかく「円が他の通貨に対して弱いこと」「円だけが売られていること」「円安トレンドが鮮明なこと」を示します。

　こういうときはポンド円、ユーロ円などをロングしまくることが、利益の源泉になります。

　ポンド円が急激に上昇し、ポンドドルやポンドオージーまでもが上昇し、逆にユーロポンドが激しく下落しているということは、とにかく「ポンドが他の通貨に対して非常に強いこと」「ポンドだけが大きく買われているということ」「ポンド高トレンドが鮮明なこと」を示します。

　こんなときはどうすればいいのか？　そうです！　ポンドを買って買いまくることが、最も手っ取り早く爆利を上げる秘訣になる、というわけ。

　ともすると、**魔の乱高下タイムになりかねない欧州時間は、必ず、通貨ペアの「相関シリーズ」をチェックする**こと。

　シリーズ全体が同じ方向に動いているときだけトレードすること、その動き出しにいち早く便乗すること！

　そして、**それ以外のケースは傍観すること**、です。

第3章　鉄板トレードで勝ち逃げ！　及川式"鬼デイトレ"初〜中級編　93

及川式の秘伝のタレは「ユーロポンド」で決まり

　欧州時間のFX取引で最も厚みがあるのは当然、ヨーロッパの人々が日々、生活に使っているユーロとポンドになります。

　この2つの通貨が欧州時間の"主役争い"を演じているわけですから、「**今日の欧州時間はポンドとユーロのどっちが強いか**」という視線を絶えず忘れ**ないことが大切**です。その指標になるのが、日本のトレーダーからは非常に、非常に、馴染みが薄いですが、及川式FXでは必需品になる通貨ペア「ユーロポンド」。欧州時間が始まったら、僕は必ず、この「ユーロポンド」（略してユロポン）の値動きをチェックします。

　図3-14はユーロポンドの長期月足チャートですが（こんな長い時間軸のユロポンは僕も初めて見るぐらいですが…）、その日、ユロポンが上がっていればユーロがポンドより強い、ユロポンが下がっていればユーロよりポンドが強いということになります。

図3-14　及川式FXの必需品・ユーロポンド

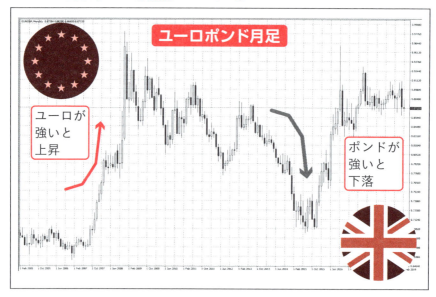

ただ、ユーロポンドはあくまで市場のトレンドを把握するための「監視通貨」でしかなく、ユーロポンド自体を取引することは皆無です。

図3-15のQ&Aを考えてみてください。たとえば、ユロポンが上昇していて、さらにポンド円やポンドドルもしっかり上昇していれば、ユーロが強いのはポンドが弱いからではなく、ユーロ自体が強いから。

この「ユーロ最強」の状況でターゲットになるのは？

そう！ ユーロ円、ユーロドル買いが「相関シリーズ」で見た最も儲かりやすい通貨ペアになります。

同様にユロポンが上昇していて、ユーロ円、ユーロドルが下落している場合はどうでしょう？

ユーロがドルや日本円に対して弱い状況で、ユロポンが上昇しているということは、ユーロ以上にポンドが弱いわけですから、売買戦略は、ポンドドル、ポンド円ショートになります。

FXを通貨ペアの「相関シリーズ」で考えるというのは、こういうことです。

図3-15 ユーロポンドを使って最強・最弱通貨を判断

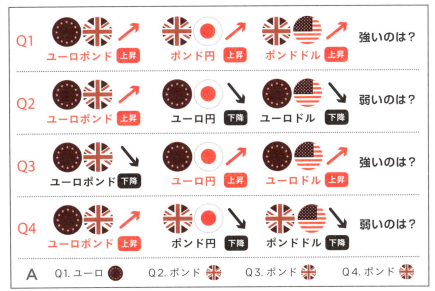

そして、欧州時間の前半戦といえる15時から18時ぐらいまで、つまり日本における夕方は、この「相関シリーズ」での売買がとても効果的な時間帯になります。

　だからこそ「相関シリーズ」の動き出しをしっかりとチェックし、**最強&最弱の通貨を見極め、最強通貨を買い、最弱通貨を叩き売る**のが、及川式FXの肝になるんです。

　欧州時間の前半戦は、ある意味、FXの分速トレードで一番おいしい"ごちそうタイム"なので、なるべく、その時間内に「トレードのケリをつける」ことも大切です。

日本時間深夜・NYタイムのトレード・ルーティン

　欧州時間も後半戦に入ってくると、米国ニューヨーク（NY）市場でも為替の取引がスタートします。

　米国も欧州同様、サマータイム制を採用しており、NY市場がオープンするのは夏時間（3月第2日曜日から11月第1日曜日まで）なら夜21時から、冬時間（11月上旬から3月中旬まで）は22時からになります。

　東京時間から欧州時間に切り替わる夕方15〜16時に比べると、「欧州時間→NY時間」の切り変わりには、残念ながら、それほど劇的な"わかりやすい変化"はありません。

　まだ欧州市場でも取引が行われているので、欧州時間のトレンドが継続するケースも多くなります。

　欧米勢だけでなく、帰宅した会社勤めの日本人トレーダーも大挙参戦してくるので、いわば、全世界のFX投資家が「オール参加」状態になり、値動きが乱高下しやすいのがNY時間の特徴なんです。

　そんな状況でも、やることは同じ。

　欧州時間で述べた通貨シリーズの相関関係を、直近のローソク足で確認し、方向性がシンクロしたら、その方向性の中で一番強い通貨を買い、一番弱い通貨を売る、もしくは出遅れ通貨ペアにあえて乗る、というのが

基本戦略です。ただし、NY時間の主役は「ドル」。ドル円、ユーロドル、ポンドドル、オージードルというドルシリーズの相関性に力点を置いて、通貨ペアのシンクロな動きを探っていきましょう。

また、**NY時間で一番気をつけなければならないのは、米国の重要経済指標の発表**です。

夏時間（3月中旬から11月初旬）なら21時30分、冬時間なら22時30分に発表される米国雇用統計などは、その発表結果が為替レートに多大な影響を与えます。

重要経済指標が発表される直前は、ノーポジが基本。

むろん、経済指標発表後、ある程度、相場が落ち着いてきてから生まれるトレンドに乗るのは「あり！」ですが、経済指標発表前は下手な予想などせず、ノーポジに徹しているのが一番無難で安全です。

NY時間は欧州時間のトレンドが継続するケースが多いといいましたが、欧州時間に強いトレンドが出て伸び続けた通貨ペアが、NY時間に入ると急に失速するということもよく起こります。

こうした欧州時間のトレンドの崩壊を狙った「崩壊トレード」も僕の得意技の一つです。

さらにいうと、あとで紹介するオージー（豪ドル）シリーズの相関・逆相関に乗じた取引も、NY時間は、オージードルに生じたトレンドに順張り一辺倒でもかなり勝ちやすくなるので狙い目になります。

1時間が"一区切り"。〇〇時ジャストに要注意！

ざっと、FX市場の1日を東京時間、欧州時間、NY時間に分けて概観してきました。

FXの取引は、24時間同じテンションで同じように行われているわけでは決してない！ ということを理解してください。

24時間の中でも、市場参加者が多くなり売買が増えて、「テクニカルが効きやすい」「強いトレンドが出やすい時間帯」があること、それが「ど

第3章　鉄板トレードで勝ち逃げ！　及川式"鬼デイトレ"初〜中級編　97

この時間帯か？」をたえず意識しておくことが重要です。

　時間ということでいえば、単純に1時間の中でも取引のテンションはかなり違ってきます。

　プロも含め短期売買のトレーダーの多くが見ているのは、1時間足チャートだと思われます。そのため、新たな1時間足が始まった直後は為替レートの値動きにも大きな変化が起こることが多いんです。

　これって、自分のお金を実際に賭けてトレードしていないと、なかなか気づけないことかもしれません。でも、5分足チャートをえんえんと見ていて、「○○時ちょうど」を過ぎると、「おっ、雰囲気が変わったな、新しい動きが生まれたな」という変化が生まれるのは、リアルに確かです。

「新しい1時間足、つまり○○時ジャストの動きは常に意識する」のが、**及川式分速トレードの鉄則**。

　たとえば、13時40分にエントリーしてポジションに含み益があったとき、チックタックと14時ちょうどが近づいてきた、としましょう。
「14時になるとガラっと雰囲気が変わる可能性がある」

　ということを皮膚感覚で嫌というほど知っている僕は、13時58分とか59分になったら、「ここからまだ伸びるかも」と思っても、迷わず利益確定することが非常に多いです。

　逆にノーポジで○○時ジャストを迎えた場合は、直後に流れが大きく変わってチャンス到来となることが多いので、スタンバイ。

　できたてほやほやの新1時間足がチャート上に生まれた直後はたえず注意して見ている、というクセをつけることが大切です。

20分で勝ち逃げするのがルール

　新1時間ほど重要ではありませんが、30分という時間軸も僕は常に意識しています。

　たとえば15時からトレードすれば、15時半までには終わらせるイメージでトレードするのが僕のルーティンです。30分が最長くらいで、基本

は約20分で終わらせてます。

　これが、僕が自分に課した「20分ルール」。

　20分間、すなわち5分足チャートのローソク足4本分である程度、利益が出たら、いったん利益確定してしまう。その後、まだ伸びそうなら、あらためてエントリーし直せばいいだけです。

　逆にイメージ通りの値動きにならなかったとき、ずるずると20分を越えて取引を長引かせるのは最悪。有無をいわさず損切り、もしくはプラスマイナスゼロになった時点で20分以内にいったん逃げるべき。

"FX上手は逃げ上手"って、常々、思っています。

「利益確定したあとにさらに伸びて儲けそこなった」という経験よりも、「せっかく利益確定できるチャンスがあったのに、欲張って結局、損切りで終わってしまった」という体験のほうが、メンタルに与えるダメージははるかに大きくなります。

　たとえば、先ほど述べたリスクリワードで見て、損切りは直近安値まで10pips、利益確定は上値にある4時間足MAまで30pipsという、下げトレンドの中のリバウンドの場面を想定してみましょう（次ページの**図3-16**）。

　このとき、100点満点のトレード、すなわち、事前に予想していた「いったん4時間足まで上昇するはず」という読みに固執しすぎてしまうと、25pipsまで戻したところで利益確定ができません。結局、当初の目標値だった30pipsどころか、20pipsまで下げた地点でも「また戻して30pipsを目指す」という思い込みに引きずられて、勝率や獲得pips数を減らしてしまう結果につながりかねません。

　その過程で毎回、20pips到達時点で利益確定していたら、勝率が100%近くなるな、ということがわかったら、30pipsではなく、毎回20pipsを目標値に設定して、そのあと、上がろうが下がろうが20pipsで利益確定してしまうのが、僕のいう「勝ち逃げ」の具体的なルールです。

　短期的な為替レートの値動きに巨額のポジションでエントリーして、短時間で荒稼ぎする鬼速FXを目指すなら、勝率にこだわることがとても重

要。勝率が悪いと絶対にコンスタントに利益をあげることはできません。

20分という決められた時間軸で、最も勝率の高い時間帯だけを狙って、そのときの最強通貨を買って最弱通貨を売る。なおかつ欲張らずに20pips程度の利益をこつこつ積み上げていく——"石橋を叩きまくって、ちょっとだけ渡る"ぐらいの用心深さがないと、やっぱり海外口座で60ロット=6億円以上のポジションをブン回すことは、僕にはできませんね。

僕を"師匠"と呼ぶ教え子たちの中には、とても度胸があって、天才的に利益を貪欲に伸ばしまくる術に長けた"ツワモノ"もたくさんいます。

でも、僕は「勝ち逃げ、早逃げ」でなるべく大負けしないトレードのほうがしっくりきます。このあたりは人それぞれ。「自分にはこの時間軸や目標pips数、投入資金量がしっくりくる」というマイ設定値があるはずです。自分なりに実戦で確かめてもらう以外ないでしょう。

図3-16 勝ち逃げ重視の20分、20pipsトレード

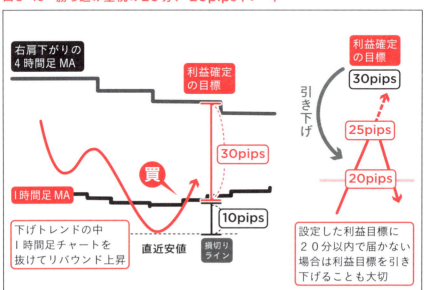

木を見て、森も見る「通貨ペアをシリーズで考える」

通貨ペアは複雑にからみ合っている

日本の投資家のFX取引の実に8割近くは、「ドル円」の売買だといわれています。「ユーロ円」「ポンド円」「「オージー円」「ニュージーランド（ドル）円」がそれに続き、円がらみの取引一辺倒の人が大半だと思います。

でも、世界の基軸通貨はドルです。

世界全体で見ると、最大の取引高を誇る通貨ペアはユーロドル。第2位はドル円ですが、3位以下はポンドドル、オージードル、米ドルカナダドルで、ドルがらみの通貨ペアの取引高はドル円も含めると9割近くに達しています。

むろん、世界最大の取引高を誇るロンドン市場など欧州では、当然、自国や自らの地域の通貨であるポンドやユーロ、スイスフランがらみの取引比率が非常に高いのはいうまでもありません。

通貨ペアというのは2国間の通貨の交換ですが、裏では他の通貨の値動きが複雑にからみ合っています。

たとえば、ドル高が進めば、ドル円が上昇するだけでなく、ユーロドルなど、「○○/ドル」で示されるドルストレートの通貨ペアは下落します。

しかし、すべての通貨に対してドルが同じ比率で動くわけではなく、ユーロのドルに対する下落率が日本円の下落率より大きければ、ドル円は上昇しているのに、ユーロ円は下落している、といったかい離が生まれることもあります。

ある意味、世界各国の通貨は1体1のペアで取引されているように見えて、実際は「米ドル」を中心にした網の目のようになっていて、その網の目の一部に値動きが生じると、その揺らぎや振動が網の目のほかの部分にも影

第3章　鉄板トレードで勝ち逃げ！　及川式"鬼デイトレ"初〜中級編　101

図3-17　米ドルを中心にした10通貨ペアの網の目

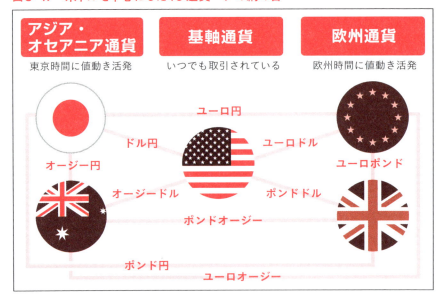

響を与えるような構造になっているわけです（**図3-17**）。

「ドル円だけ見てちゃ、FXじゃ勝てない」僕は2007年にFX取引を始めましたが、**通貨ペアを一つ一つ別個に考えるのではなく、全体としてどんな値動きになっているのか、「シリーズ」で見渡す**ようになったことで、俄然、勝率がアップし、獲得利益もどんどん増えるようになりました。

通貨ペアの相関シリーズを読み解く方法

　外国為替市場を全体として俯瞰して、大局観を持って眺めるには、やはり、**個別の通貨ペアだけではなく、同時間の通貨ペアすべての値動きを一画面で見比べられるような画面設定をMT4に作っておく**ことが必要です。

　網の目を構成する通貨ペアは取引する通貨が日本円、ドル、ユーロ、英ポンド、オージー（豪ドル）の5つの場合、全部で10通貨ペアの組み合わせができます。

図3-17にも示しましたが、それは、

- 「ドル円」「ユーロ円」「ポンド円」「オージー円」の日本円がからんだ4通貨ペア
- 「ユーロドル」「ポンドドル」「オージードル」というドルストレートの3通貨ペア
- それ以外でユーロがからんだ「ユーロポンド」「ユーロオージー」の2通貨ペア
- そして最後にそれ以外でポンドがからんだ「ポンドオージー」の1通貨ペア、合わせて10の通貨ペアです。

　FXの通貨ペアは、円に関しては必ず「○○/円」と円が後ろのほうに来たり、ユーロに関しては必ず「ユーロ/△△」と前のほうに来たり、ドルに関してはドル円、ドルカナダドル、ドルスイスフラン以外の多くの通貨ペアでは「○○/ドル」と後ろに来たり、表示されるのが前か後ろかが非常に複雑になっています。

　きっと初心者の方は頭がこんがらがってしまうはずです。

　たとえば、ドル全面高のときは、ドル円のチャートは上昇しますが、逆にユーロドル、ポンドドル、オージードルなどは、ドルが「○○/ドル」と後ろにきているので、チャートが下落方向に動きます。

　つまり、ドル円上げ、ユーロドル下げ、ポンドドル下げ、オージードル下げのときは他の4通貨すべてに対してドルが上がっているので、完璧なドル高モードになるわけです。

　これを及川式FXでは「相関シリーズが揃っている」と表現しますが、相関シリーズが揃っているほうが、テクニカルの効きがよくなり、テクニカル分析を使った売買判断も当たりやすくなります。

　当然、全面的なドル高のときはドルがらみの通貨ペアが狙い目となります。

　具体的にはドル円ロング、ユーロドルショート、ポンドドルショートな

第3章　鉄板トレードで勝ち逃げ！　及川式"鬼デイトレ"初〜中級編　103

どが、最もリスクが少なく勝ち逃げしやすい売買対象の選択肢になります。

この「相関・逆相関のシリーズが揃っている」状態が、東京、欧州、NYという主要取引市場の切り替わりや、「○○時ジャスト」というキリのいい時間帯に発生したときこそ、最もおいしい "ごちそうタイム"。

市場がオープンしたばかり、新たな1時間が始まったばかりで、市場参加者が大挙参入している状況の中、たとえばドルシリーズがいっせいにドル高方向に揃っていれば、それは大勢の投資家が「とにかくドル買い！」一辺倒の取引になだれ込んでいる証拠。その流れに乗れば、20pips程度の利益をこつこつ積み上げていきやすくなるわけです。

「通貨ペアのシリーズが揃っている」状況は長く続くこともありますし、はかなく短時間で終わることもあります。

通貨ペアの方向性が「揃っているかどうか」をたえず確認して、揃い始めたな、と思ったら、もっともおいしい"動き出し"でのエントリーを狙います。

すでに揃った状態が続いているようなら、シリーズの中で最も出遅れた通貨ペアを狙うのもいいでしょう。

そして、シリーズ揃い踏みがバラけ始めたら、それとは逆の方向への揺り戻しを逆張り気味に狙います。

とにかく、「シリーズが揃っているかどうか」「揃っている状況がまだ続きそうかどうか」「揃って動いている通貨ペアのうち、どの通貨ペアのリスクリワードが一番合っているか」を確認することが大切です。

そして、「通貨ペアのシリーズが揃って動いていないなら、トレードしない」、つまり、シリーズが揃っていて勝ちやすいところだけで勝負するのも、勝率7割を目指す及川式FXにとっては、重要な状況判断になるのです。

初心者はまずドル円など円シリーズで考える

円、ドル、ユーロ、ポンド、オージー（豪ドル）という5つの通貨の組

み合わせだけでも、10通りの通貨ペアがあって、初心者の方は「難しい！頭がこんがらがる…」と感じるはずです。

慣れてない方はまず円シリーズだけでいいので、「シリーズが揃っているかどうか」を確認してください。

つまり、**ドル円、ユーロ円、ポンド円、オージー円の４通貨ペアが同じような形になって上がっているときは、円がドル、ユーロ、ポンド、オージーという他の４通貨すべてに対して最弱な状況ですから、円をショートして、外貨をロングする大チャンス**になります。

たとえば**図3-18**は16時を過ぎて欧州時間が始まったあと、円シリーズが揃って動いたときの値動きです。

図の矢印で示したところが16時ちょうどのローソク足ですが、ユーロ円、ポンド円はすでに15分足MAを抜けて上昇。ドル円だけが15分足の下にいました。しかし、欧州市場が始まったばかりで残存期間はたっぷりあり、まだまだトレンドが伸びそうな状況です。今後は市場参加者が集まれば集

図3-18　16時、円シリーズが揃って上昇した具体例

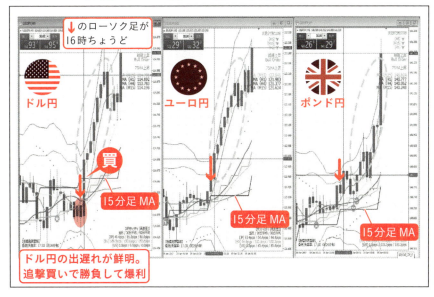

第3章　鉄板トレードで勝ち逃げ！　及川式"鬼デイトレ"初～中級編

まるほど分母が増え、テクニカルの効きがよくなり、上昇後の押し目買いなども安心して狙えるぞ、と判断できました。前ページの図3-18の場合、16時5分の足で、ドル円も15分足MAを力強く上抜けし、ユーロ円、ポンド円の強さにつられるように揃って上昇を始めたところが、絶好のエントリーポイントになります。

すでにユーロ円、ポンド円は16時の段階で大陽線をつけて急騰しているので、出遅れたドル円に伸びシロがありそうです。

そこで、16時5分のドル円のローソク足が15分足MAを越えたところでエントリー。16時を5分過ぎただけで、まだまだヨーロッパの投資家が大挙して「円売り」に参入してくるわけですから、「上位足MAをブレイクしたら買い」という売買シグナルも当たりやすい状況なわけです。

実際、その後のドル円はユーロ円、ポンド円を追いかけるような急騰が続き、大きな利益を上げることができました。

とにかく他の4通貨すべてに対して円が最弱ということは、市場参加者すべてが「円売り」というモードで一致して、大挙、市場に参加してきている、ということ。

繰り返しになりますが、「テクニカルは統計学なので、相場参加者が多ければ多いほど効きやすくなる」というのは、及川式というよりか、為替レートの値動き全体に当てはまる"真理"です。

円シリーズがすべて同じ方向に向かって揃っている状況は、ある意味、パチンコでいうところの7が3つ揃ったフィーバーみたいなもの。

初心者でも稼ぎやすい楽勝ポイントなのです。

10通貨ペアを整理して頭に叩き込む

では、「相関シリーズが揃ってる」とはどういう状態なのか？

それをマトリクス化したものが**図3-19**です。

一番簡単なのは、たえず通貨ペア表示の「○○/△△」の△△のほうにしかこない日本円で、ドル円、ユーロ円、ポンド円、オージー円がともに

図3-19　最強通貨ペアを探すためのマトリクス

上げていれば「円安方向、つまり円最弱で揃っている状態」、逆に下げていれば「円高方向、つまり円最強で揃っている状況」になります。

　日本円に関しては景気減速や株価暴落など、世界中の投資家がリスクを嫌うリスクオフの状況になると「円高に揃う」ことが多く、逆に、世界中の投資家が楽観的になり、好んでリスクを取りたがるようになると「円安方向に揃う」ことが多くなります。

　世界の基軸通貨ドルに関しては、ドル円が上がり、ユーロドル、ポンドドル、オージードルが下げているときが、ドル高方向に相関シリーズが「揃っている」状態。反対にドル円が下がり、ユーロドル、ポンドドル、オージードルが上げているときはドル安方向に相関シリーズが揃っている状態になります。

　上げにせよ下げにせよ、ドル円とユーロドル、ポンドドルが逆相関（真逆の方向）に動いているときが「揃っている」ときだということに注意してください。

米国の中央銀行FRB（連邦準備制度理事会）が利上げを進めるなど、他の通貨に比べて米国の金利が高くなったり、戦争・テロなどが勃発して「有事のドル買い」が進んだりすると、ドル高方向に「揃うこと」が多くなります。ドル安が進むのは米国の景気に減速懸念が出たり、FRBが利上げ停止を発表して、金利差がこれ以上広がらない見通しになったり、日本や欧州など米国以外の国が金利引き上げや量的緩和の縮小を始めたときなどです。ただ、そんな能書きをいちいち覚える必要はありません。

　とにかく5分足チャートで「あっ、シリーズで揃い始めたな」「おっ、完全に揃ったな」「よしよし、揃った状態が続いているぞ」「じゃあ、どの通貨ペアのリスクリワードが一番合ってるんだろう？」と、**素早く値動きに反応して、最強・最弱通貨を見抜き、一番、利益があがりそうな通貨ペアを瞬時に選ぶ。そのための「反射神経」を鍛えることが大切**なのです。

　ユーロに関しては、絶えず「○○/△△」の前のほうにユーロが来るので、ユーロ円、ユーロドル、ユーロポンド、ユーロオージーが揃って上げているときはユーロ最強で、揃って下げているときはユーロ最弱です。

　ポンドは、多くの場合、「○○/△△」の○○側に来ますが、ユーロポンドだけは後ろの△△側にきます。

　つまり、ポンド円、ポンドドル、ポンドオージーが上げていて、ユーロポンドが下げているときがポンド最強でシリーズが揃っているとき。その反対がポンド最弱になります。

　上にせよ下にせよ、ポンド円、ポンドドル、ポンドオージーとユーロポンドが逆相関で動くときが「揃っているとき」です。

　では、オージードルの場合はどうでしょうか？

　オージードルは円やドルに対しては、「○○/△△」の前側の○○、欧州通貨のユーロ、ポンドに関しては、ユーロオージー、ポンドオージーと後ろ側の△△に入ります。「オージー円、オージードルが揃って上げている」＆「ユーロオージー、ポンドオージーが揃って下げている」という相関＆逆相関の関係で動いているときがオージードル最強になります。

シリーズの相関・逆相関から「今強い＆今弱い通貨」を狙う

　通貨の網の目を俯瞰できていれば、今、強い通貨、弱い通貨がどれかがわかります。

　通貨ペアは2国の通貨の力関係で決まりますが、単独で見てしまうと、たとえばドル円の場合、ドル円が上がっている理由が「ドルが強いから」なのか、それとも「円が弱いから」なのかわかりません。

　反対にドル円が下がっている理由が「円が強いからか、ドルが弱いからなのか」もわかりません。

　複数の通貨ペアを同時に見比べることで、初めて、強さ・弱さの全体像が把握できるというわけ。

　たとえば、**図3-20**のように、ドル円、ユーロ円、ポンド円の円シリーズが揃って上げている中、ユーロドル、ユーロポンドが下げているとき、4つの通貨ペアの強弱関係は、ドル・ポンド＞ユーロ＞円になるので、ドル円、

図3-20　チャート形状から通貨の強弱を読み解く方法・具体例

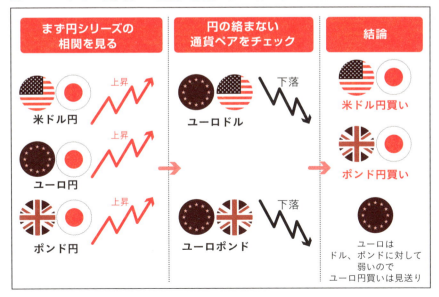

ポンド円はさらに上げる可能性があっても、ユーロ円の上がりはきっと鈍くなる、と予想できます。

日本円のからまないユーロドル、ユーロポンドが下げているということは、対円ではユーロが強いものの、ドル、ポンドに対してユーロが弱いからです。ここまで見渡せれば、あとは簡単。ドル円、ポンド円はロングで入るものの、ユーロ円は見送りという売買判断で勝負することができます。

やはり、**FXの取引では、強いか弱いかはっきりしない通貨ではなく、他の通貨に比べてはっきりと強い通貨を買い、弱い通貨を売るのが王道**。

強い通貨は売りで勝負した人のショートカバー（買い戻し）も入るので、さらに上がりやすくなり、一段高になれば、新規の買いもどんどん入る、という好循環の上昇が見込めます。

弱い通貨は逆に売りが売りを呼ぶ形になり、下げやすくなるというわけ。

10の通貨ペアの組み合わせを見て、為替市場の中で最強通貨、最弱通貨がどれかを把握しておくことは、FXの短期売買での勝率を高めるうでも必須といっていい作業なのです。

当然、10の通貨ペアがシリーズで揃わないでばらばらな動きが続いている間は「最強通貨も最弱通貨もはっきりしない」状況。売買しても儲からないから様子見、という判断も下しやすくなります。

最強通貨にこびへつらい、最弱通貨をボコボコにする。

FX限定で「卑怯者トレーダー」に徹するためにも、10の通貨ペアの見比べは必要不可欠。

初心者の方には少し難しいかもしれませんが、これをやるとやらないでは、FXトレードの成績に雲泥の差がつきます。

そこで、いろいろなケースをドリル形式で問題にしてみたので解いてみてください。

状況が複雑になりすぎてしまうので、オージードルは抜かして、円、ドル、ユーロ、ポンドの4つのうちの最強・最弱通貨、売買戦略を答えてみてください。

Q&A通貨ペアドリル

最強／最弱通貨はどれだ？

Q1 ドル円、ユーロ円、ポンド円が上がっていて、ユーロドル、ポンドドルも上昇、ユーロポンドが下落。このとき、4つの中で最強・最弱通貨はどれ？また、最も儲かりそうな売買戦略は？

Q2 ドル円上昇、ユーロ円ポンド円下落、ユーロドル、ポンドドル下落でユーロポンドも下落。このとき、4つの中で最強・最弱通貨はどれ？また、最も儲かりそうな売買戦略は？

Q3 ドル円は下がっていて、ユーロ円ポンド円は上昇、ユーロドル、ポンドドルは上昇、ユーロポンドは下落。このとき、4つの中で最強・最弱通貨はどれ？また、最も儲かりそうな売買戦略は？

Q4 ドル円など円シリーズは軒並み下落、ユーロドルは横ばい、ポンドドルは下落でユーロポンドは上昇。このとき、4つの中で最強・最弱通貨はどれ？また、最も儲かりそうな売買戦略は？

Q5 ドル円、ユーロ円、ポンド円は上昇、ユーロドル、ポンドドルも上昇、ユーロポンドも上昇。このとき、4つの中で最強・最弱通貨はどれ？また、最も儲かりそうな売買戦略は？

〈A5〉最強：ユーロ　最弱：円　戦略：ユーロ円のロング
〈A4〉最強：円　最弱：ポンド　戦略：ポンド円のショート
〈A3〉最強：ユーロ　最弱：ドル　戦略：ユーロポンドのロング
〈A2〉最強：ドル　最弱：ユーロ　戦略：ユーロドルのショート
〈A1〉最強：ポンド　最弱：円、売買戦略はポンド円のロング

第3章　鉄板トレードで勝ち逃げ！　及川式"鬼デイトレ"初～中級編　**111**

"監視通貨ペア"がキー
最強通貨を見つけるときの
フローチャート

最強・最弱の通貨を見つける僕なりのフローチャートは、
「まずユーロポンドを見ること」。

FXの欧州市場スタートの冬16時、夏15時からの時間帯が主戦場の僕は、
欧州時間における"時差のない通貨"であるユーロとポンドの強弱関係か
ら、通貨ペアの複雑なパズルを解くのが日々の日課になっています。

ユーロポンドが上げていればユーロが強い、下げていればポンドが強い。
ただ、このときのマトリクスは「ポンドが強い」「ユーロが強い」だけで
なく「どっちも強い」「どっちも弱い」という状況もありえます。

そこで、次に見るのは日本人にも馴染み深いユーロ円、ポンド円です。

もしユーロ円とポンド円が揃って上げていれば、「ユーロもポンドもどっ
ちも円に対して強い」ということになります。下げていれば「どっちも弱
い」と判断できます。

じゃあ、ユーロ円ポンド円ともに上げていて、「日本円に対してはどっ
ちも強い」ことを確認できたら、それだけで両方とも買いかというとそう
ではありません。

最後に、ドル円を見ます。

もしドル円もユーロ円、ポンド円と同様に上げていれば、円がドルに対
しても欧州通貨に対しても最弱になるので、最初のユーロポンドのチャー
トで見て強いのがユーロならユーロ円買い、ポンドが強いならポンド円買
いをメインに据えた取引をします。

逆にユーロ円、ポンド円は上げているのにドル円が下げていたら？

この場合はドルが最弱になるので、円がらみよりドルがらみのユーロド
ル買い、ポンドドル買いのほうがより「最強-最弱度数」の強い組み合わ
せなので、より勝ちやすい、と判断するわけです。

では、ユーロポンドの次にポンド円、ユーロ円を見て両方下げていると
きはどうでしょうか？

　円に対してユーロもポンドも弱い状況ですから、その中でドル円も揃っ
て下げていれば円最強なのでポンド円、ユーロ円ショート。

　反対にドル円だけが上げていればドル最強なのでユーロドル売り、ポン
ドドル売り」を選択することになります。

　ポンドとユーロのどっちが強いかを見るユーロポンド、ドルと日本円の
どっちが強いか弱いかを知るドル円は、僕にとって、通貨ペアの強弱を測
るための「ものさし」です。

　**ユーロポンドとドル円を実際にはあまり売買することはない「監視通貨
ペア」として使い、今の買いターゲットは「ポンド円がいいのかポンドド
ルがいいのか」、それとも「ユーロ円がいいのか、ユーロドルがいいの
か」を決めていく**。これが、及川式通貨シリーズの相関・逆相関の発見法
です。

最強通貨の見つけ方・売買戦略の立て方の具体例

　さまざまな通貨ペアのチャートを見て、瞬時に最強通貨、最弱通貨を見
つけるためには、MT４にさまざまな通貨ペアの５分足チャートを表示して、
パッパッパッと切り替え、「ユーロ円は下がっていて、ポンド円も下がっ
ている、ドル円は横ばい」、「ユーロドルもポンドドルも下がっている」、ユー
ロポンドを見ると「これまた下がっている！」。
「だとすると、一番弱い通貨はユーロ。強いのは円とドルで両者の強さは
ほぼ一緒だから、今、この瞬間、一番勝ちやすいのはユーロ円、ユーロド
ルをショートすることだな！」

　と、名探偵コナンのように、瞬く間に推理できる必要があります。

　次ページの**図３-21**は2018年12月13日からの円シリーズの通貨ペア
の15分足チャートです（実戦で15分足チャートを使うことはありませんが、全
体の流れを見てもらうためにあえて長めの足を使っています）。図を見ると、ユー

第３章　鉄板トレードで勝ち逃げ！　及川式"鬼デイトレ"初～中級編　　**113**

図3-21 まずは円シリーズの通貨ペアの強弱を見る

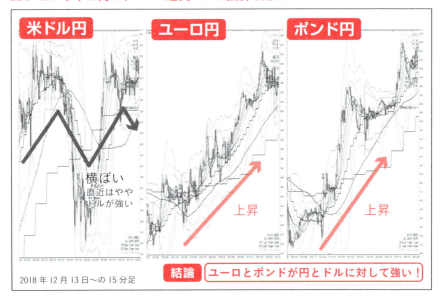

ロ、ポンドという2大欧州通貨は円に対して、非常にきれいな上昇トレンドをキープ。それに対して、ドル円は横ばいで推移しています。

この3つのチャートを見比べてわかること、それは「ユーロ、ポンド>ドル=円」という力関係です。

じゃあ、ユーロとポンドのどちらが強いかというと、同じ時間帯のユーロポンドとポンドドルの推移を示したのが**図3-22**です。

及川式FXにとって非常に重要な監視通貨ペアであるユロポンは、この間、横ばい→急落→横ばい→急落と右肩下がりで推移しています。

と、いうことは、ユーロとポンドでは、ポンドが強いということ。

つまり、この15分足チャートの期間で一番強いのはポンド、弱いのはドルと円ですから、ポンド円、ポンドドルのロングが「チャンス大！」と考えられるわけです。

むろん、ここからの判断はさらにチャートをよく見て、「今、一番伸びている通貨ペアを狙うのか」、それとも「少し出遅れてまだ伸びシロがあ

114

図3-22 ユーロポンドの強弱を見て、ポンドドルを取引

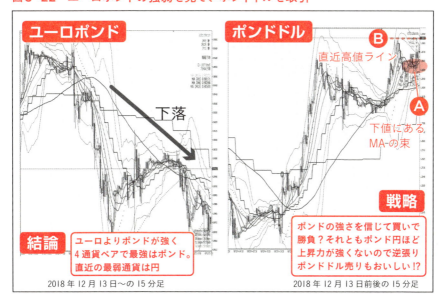

る通貨を狙うのか」、はたまた「新1時間足が出現するようなタイミングで、強弱関係が崩れる瞬間を逆張りで狙うのか」など、通貨シリーズの相関・逆相関の継続や変化をちゃっかり利用して、「どういう入り方をすれば一番、勝ち逃げしやすいか」を考える必要があります。

　図3-22の右側はポンドドルの15分足チャートですが、ポンドドルはいったん高値を形成したあと、再び、その高値にトライしようとしている状況です。すでにかなり大きく上げているので、ここから高値を突破してさらなる上げを狙うなら、下値に固まっている移動平均線の束Aを割り込んだら損切りと決めて、直近高値ラインBまでの値幅を狙うのも一つの考え方です。ただし、その場合、リスクリワードは目算で1:1程度。それほど"おいしい"局面ではないかもしれません。

　逆に高値を突破できそうにないと考えるなら、ポンドドル以上に勢いのある直近のポンド円（図3-21参照）の値動きも睨みながら、ポンドドルが直近高値Bに達したら、移動平均線の束Aを利益目標、直近高値Bをロー

第3章　鉄板トレードで勝ち逃げ！　及川式"鬼デイトレ"初〜中級編　115

ソク足の実体が完全に抜けたらすぐ損切り、というように、リスクリワードを最適化して、ポンド円ほど上昇の勢いが強くないポンドドルを売ってみる、という"逆張り"的な発想もありです。

これはあくまで、複数のチャートを見比べることで出てくる売買戦略の一例に過ぎません。**通貨ペアを単独ではなくシリーズで見渡すこと、そして、その強弱関係に変化が出る瞬間を機敏に察知すること**が、及川式FXの肝といえる部分なのです。

通貨の強弱は「変化」が出たときを狙うことが大切

ややこしいお話をさらにややこしくしてしまうので少し恐縮ですが、こうした通貨ペアの強弱関係が「揃っている」状態は長く続かないことも多く、いずれ相関・逆相関の関係が崩れてしまう可能性もあります。

最強な通貨がずっと最強で、最弱な通貨がずっと最弱なら、最強通貨買い、最弱通貨売りのポジションをずっと持っていれば永遠に儲かりますが、そうは問屋が卸さないのがFXの世界。

だったらどうすればいいのか？

一番おいしいのは、最強・最弱の図式の中になんらかの「変化」が生まれた初動を狙うこと、です。世界中の投資家が為替市場の動きをウォッチしている中で、最初に出た変化に対してはどの投資家も食いつきが早く、その方向性にいっせいに便乗することが多いもの。

その**動きとは反対の方向に賭けていた投資家の損切りも呼び込んで、非常にわかりやすい値動きが一時的に続くことが多いので、変化の初動に便乗するほうが勝率は確実にアップ**します。何事も初動が肝心なんですね。

図3-23で、ドル円、ポンド円、ユーロ円、ユーロドル、ポンドドル、ユーロポンドの組み合わせを例に、「変化」について解説しましょう。

図の左側では、ドル円、ポンド円、ユーロ円はともに上げていて、円シリーズは強い状況。円が最弱通貨であることが、ここで決まります。

では、他の通貨の強弱関係はどうかというと、ユーロドル、ポンドドル

図3-23 4大通貨ペアの強弱関係の変化を読む方法

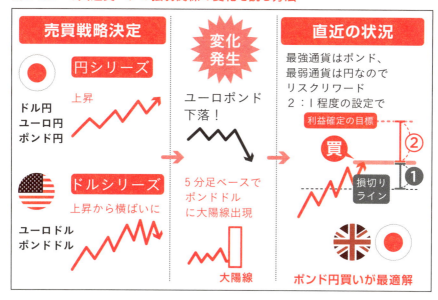

は上げ基調からいったん横ばいに転じています。

　つまり、この段階では、円が最弱、ユーロ、ポンドがドルより強い状況ながら、ポンドドル、ユーロドルが上げ止まったことで、ユーロやポンドの最強度数が少し落ちている状況です。

　現状からいうと、ポンド円、ユーロ円のロングが最良の選択肢になりますが、こんなときは往々にして、両方ともかなりの高値圏まで上昇していて、たとえば、上値に右肩下がりの4時間足MAなど、長めの上位足MAが立ちはだかっているケースが多くなります。

　つまり、上値の上位足が抵抗帯になりそうなので、リスクリワード的にロングでは乗りづらい局面といえるでしょう。そのとき、ユーロポンドがガクンと下げたとしましょう。さぁ、これが「変化」です！

　ユーロポンドが下げたということは「ユーロが弱い」か「ポンドが強い」かのいずれか。

　そのとき、ポンドドルを見ると、ユーロポンドの下げに合わせるかのよ

うに、5分足ベースで大陽線が立ちました。

つまり、ポンドは円に対してだけでなく、それまで横ばいだったドルに対しても、再び強含み始めたということ。その中でユーロポンドは下げているわけですから、この状況は「ユーロが弱い」わけではなく「ポンドが俄然強くなった」変化といえます。だったら最弱通貨は円で決まっているわけですから、ポンド円の直近安値を損切りライン、上値の4時間足MAなどを利益確定ラインに設定して、利益2:損失1程度のリスクリワード設定でロングすればいいのでは、という判断ができます。

あくまで概念図ですが、ユーロ円、ポンド円の上昇一服という状況から、ユーロポンドの下落という「変化」が生じた瞬間を狙って、最強・最弱通貨の状況にさらに弾みがついたポンド円をロングすることが、図3-23に示したチャートの変化の中では最善の選択肢になるわけです。

少し複雑で、最初は頭がクラクラしてしまうかもしれませんが、次の3つの判断を瞬時に行えるようになれば、"本物"です。

- まず通貨ペアの種類に慣れること。
- 通貨ペアの「〇〇/△△」の前か後ろかで、値動きが相関か、逆相関か、どちらになったときに「揃っている」といえるのか、を肌感覚で判断できるようになること。
- 狙っている通貨がからまない通貨ペアもたえず意識すること（たとえばユーロ円、ポンド円どちらで勝負するかはユーロポンドの値動きを見て決める、ドル円かユーロ円かどちらで勝負するかを決めるときはユーロドルの値動きを見る…など）

初心者の方は、5つの主要通貨ではなく、ドル、円、ユーロの3通貨の組み合わせで最強・最弱を探すなど、まずは見比べの対象になる通貨ペアの数を減らして始めることをオススメします。

この場合、ドル円、ユーロ円、ユーロドルという3つの通貨ペアを見比べるだけなので、より簡単に、通貨の強弱を見極められます。

第4章

勝てる場面だけ狙い撃つ！

独自シグナルで初心者もザクザク稼ぐ

勝負の極意は
「簡単なところだけを狙う」!

時間帯、相関を意識して難しいところはやらない

　僕のトレードスタイルは「何時から取引を始めるか」「通貨ペアの相関・逆相関が揃っているか」を意識しながら、「得られる利益のほうが失う損失より大きそうな局面」だけを厳選し、20分一本勝負を目標にエントリーする、というものです。

　エントリーポイント探しには、ローソク足が5分足チャート上の上位足MAや直近の高値・安値などを越えたり割り込んだりする動きを使います。「下値にある右肩上がりの15分足MAまで下げたあと反転上昇したから押し目買い」とか「上値の1時間足MAにぶつかって下げたから戻り売り」とか、もみ合いから直近高値を越えたから損切り、といった判断をしますが、テクニカルだけで勝負することは決してありません。

　「今はテクニカルが効きやすい時間帯なのか」「テクニカルにダマシがない、と確信できるほど、狙った通貨ペアが他の通貨ペアと揃って同じ方向に向かっているか」など、**勝ち逃げしやすい条件が整わない限り、どんなにチャンスだと思っても容赦なく見送る**。それが僕のやり方です。

　とはいえ、テクニカル的に見て、「これぞ、鉄板！」とオススメできる売買シグナルはいくつかあります。

　多くの人々は「こうすれば絶対勝てる」という必勝法を聞きたがるものです。「どういうチャートの形になったとき、エントリーしたら儲かりますか？」という "おいしい" 部分だけを一番知りたいはずです。

　必勝法は使い方を誤ると、必勝法でもなんでもなくなっちゃいます。あくまで時間帯や値動きが揃っていたら、ということを大前提にした必勝法ですが、この章では及川式FXの「鉄板シグナル」を紹介していきます。

鉄板の売買シグナル① ピンバー

　これから紹介する鉄板シグナルの例は一部を除き、日本のFXトレーダーにとって一番なじみが深いドル円の5分足チャートから選んでいます。

　ドル円は僕にとってはある意味、ユーロポンドと同じ「監視通貨」で、実戦で取引することはあまりありませんでした。

　ドル円が上昇する中で、ポンド円、ポンドドルも上がっていたら、ポンド最強、円最弱でポンド円を買う、といった「判断材料」に使うことの多い通貨ペアです。

　しかし、**ドル円自体にボラティリティがある場合は、他の通貨との相関をあまり気にすることなく、ドル円チャート一本でも挑戦できる**メリットがあります。ドルというのはさすが基軸通貨だけあって、他の通貨の影響を受けにくく、自らの意志で動くオリジナルな面があるからです。

　リスクオフになるととたんに強くなる日本円も、他の通貨ペアの動きに影響を与えることはあっても、影響を受けることがあまりない面があります。ぶっちゃけ、両者の綱引きだけ、すなわち**ドル円の5分足チャート上に出たシグナルだけで勝負できるという意味では、初心者の方でも取引しやすいFXの定番通貨ペア**といえるでしょう。

　そんなドル円チャートを素材に、まずご紹介したい鉄板シグナル①が「ピンバー」です。ピンバーというのは、上ヒゲや下ヒゲなど、ヒゲが非常に長いローソク足のこと。上ヒゲが長い足は上ヒゲ先端の高値にトライしたものの、売りの勢いが強く反転下落した弱い値動き。

　下ヒゲが長い足は、下ヒゲ先端の安値まで売られたものの、そこから買い手が盛り返し、売り手の撤退による反転上昇で終わった強い値動きになります。

　つまり、**「下ヒゲのピンバーは上方向」「上ヒゲのピンバーは下方向」に相場が動くシグナルといえます。ピンバーを見るときには、他の売買シグナル以上に、「時間帯」を見ることが重要**です。

第4章　勝てる場面だけ狙い撃つ！　独自シグナルで初心者もザクザク稼ぐ　121

たとえば図4-1の下ヒゲの長い陰線のピンバーaは14時10分の足です。14時10分といえば、東京市場が終わる15時まで、あと50分という時間帯の足。東京時間で取引していた投資家にとっては取引終了が迫っていることもあり、ここから新たに仕掛けづらい、取引量の少ない時間帯といえます。

ピンバーのシグナルがシグナル通りに機能するのは、他のテクニカル同様、大量の投資家が取引に参加して取引量が多いときです。そんなとき、売りを浴びせられて下がったものの、安値圏で非常に強い買いが入り、取引高をともなって相場が反転上昇したときの下ヒゲは「この上昇の勢いは本物」と判断できます。

そう考えると、14時10分のピンバーaは、下ヒゲの先端が15分足MAで踏みとどまっていて買いたいところでしたが、その後の展開を見てもわかるように、時間帯的に見て、見送りが正解になりました。

一方、次に出た下ヒゲの長いピンバーbは15時ちょうどに出現したもの。

図4-1　鉄板シグナル・ピンバーは時間を意識する

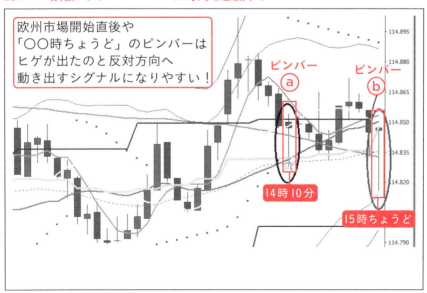

「○○時ジャスト」という時間帯に出ているから、取引高も多く、うっかり下落の動きは本物だと思って、慌ててショートで飛び乗ると強烈な戻しにやられてしまう場面でした。

逆に考えると、15時ちょうどという重要な時間帯に、下ヒゲの長いピンバーが出たわけですから、これから10分、20分間は「時間帯的に見ても上方向に強い流れが続くはず」と判断して、買いで勝負してもいい場面になります。

いったん売りで勝負してやられたときはドテンして買い、様子見していた場合は素直にこの下ヒゲの長い足を見て買いで入っていいでしょう。

ポイントは、「**15時ちょうどという、どっちかに動きたがる時間帯は、為替レートがやっぱり、どっちかに動くことが多い**」という考え方を持つことです。「○○時ジャスト」という時間帯は、誰か特定の大口投資家が単独で仕掛けるというよりかは、市場全体の総意が働きやすいのです。

その後の値動きが図4-2になります。

図4-2　15時ちょうどの下ヒゲ・ピンバーとその後の急上昇

図4-2のようにきれいに上がるかどうかは、あくまで結果論に過ぎません。こんなに上がるのは出来過ぎといっていいでしょう。

ただ、15時ちょうどのピンバーまでの5分足チャートは安値を切り上げて上昇機運を漂わせており、直近安値を損切りライン、直近高値を利益確定目標にすればリスクリワード的には「合っている」状況。

下ヒゲはある意味、上昇トレンド途中の押し目買いシグナルにもなっていて、なにより「15時ちょうど」という時間帯からしても、買いで獲りやすい場面といえました。

とにかく、**チャートを見るときは時間も絶対に見る**こと。

テクニカルが効きやすく、市場全体の参加者が総意として動き始めやすい「〇時ちょうど」「〇時早々」のピンバーはかなり強烈な鉄板シグナルになる、といえるのです。

もう一度、図4-1を見返すと、この時点で、15時ちょうどの下ヒゲピンバーのすぐ上に1時間足MAが位置しており、他にも5分足MAが密集しています。こうした移動平均線の密集を上に抜けたら強いぞ、という状況で、ピンバーの次のローソク足がきれいに1時間足MAを上抜けたわけですから、この上昇は本物！

当初の利益目標である直近高値では利益確定せず、その後は5分足の5本移動平均線を割り込むまで買いを引っ張れたはずです。

買いでエントリーしたあとに、この値動きは強いと思ったら「ローソク足の一番近くにある5分足の5本MAを完全に割り込むまで引っ張る」というのも、利益を最大限伸ばす売買手法として覚えておきましょう。

鉄板②α　逆行上位足のファーストタッチで逆張り

及川式FXでは、「上昇トレンドが続いているとき、いったん反転下落して、値動きとは"逆行"している右肩上がりの上位足MAにファーストタッチしたら即・押し目買い」、「下降トレンドが続いているときに反転上昇し

て逆行上位足にファーストタッチしたら戻り売り」が超定番の売買戦略です。**図4-3**は、ずっと下げ続けていたドル円が1時間足MAまで上昇してファーストタッチしたところ。なぜ、ここで売りを入れるのが及川式FXの定番かというと、なんといっても、リスクリワードがとてもいいから。

　この場合、右肩下がりの1時間足MAをローソク足の実体が完全に抜けたら損切り、下にある15分足MAまで下がったら利益確定と考えると、想定する利益:損失は5:1ぐらいになり、リスクリワード的に見て超"おいしい"といえます。

　図の値動きは下降トレンドが続いたあと、なんとか、"えっちらおっちら"上昇し続けて、15分足MAやボリンジャーバンドの中心線である5分足の20本MA上抜けを達成。なんとか1時間足MAまでたどり着きましたが、ある意味、買い手側は"も〜、いっぱい、いっぱい"の状況です。

　ここからさらに上げるのはかなり難しい、と考えられるので、地味ですが高い確率で、ショートで稼げる場面といえるでしょう。

図4-3　下降トレンド中の逆行上位足タッチで戻り売りの具体例

また、右肩下がりの1時間足MAの、さらに上値には15分足の75本MAが控えています。なので、まず1時間足MAをローソク足実体が上抜けたらいったん損切り、次に15分足75本MAでまた新たに売りで入り直す、という二段構えで臨むのもあり！です。

　1時間足MAを上抜けしたあと、次の抵抗帯である15分足75本MAまで5pips程度であれば、ローソク足が1時間足MAを実体で抜けても損切りはせず、さらに15分足75本MAへのファーストタッチで「ナンピン売り」を入れるという考え方もあります。

　なぜなら、そのナンピンが失敗に終わっても5pipsほどの追加損失で済むからです。

　最初の取引に失敗したときに、ナンピンを入れるかいれないかの判断はこれまた重要で、ナンピンして失敗したときの損失額を計算して、「それだったら許容範囲だな」と思えるなら「1度だけはナンピンしてもいい（2度目のナンピンは厳禁）」というのが、僕のマイルールなんです。

　しかし、図4-3のように、1時間足MAと15分足75本MAの値幅が約15pipsもある場合は、いったん損切りして入り直すのが妥当だと思います。もしくは10pipsがギリギリ、と思います。

　その後の展開を見ると（**図4-4**）、予想どおり、ドル円は右肩下がりの1時間足MAに上ヒゲでタッチしたものの跳ね返されて、下値の15分足MAを割り込むところまで下落しています。

　この場合、1時間足MAにタッチした瞬間に入って、Aの15分足MAにタッチしたら即利食い、という手堅いトレードが可能でした。

　こうした「戻り売り」や「押し目買い」の局面というのは5分足チャートを見ていれば、どんな通貨ペアでもたくさん出てきます。

　初心者の方でもとても狙いやすいと思います。

　なので、**図4-4**のチャートの形状は目に焼き付けておいてくださいね。

　当然、時間帯や他の通貨ペアとの相関・逆相関が揃っていれば、より精度の高いトレードになると思います。

126

図4-4 逆行上位足へのファーストタッチで戻り売りのその後

鉄板②β 逆行上位足のファーストタッチの損切りパターン

　終わったチャートを使って成功例だけ並べて「これで大丈夫」というだけじゃ、実戦ではなかなか使えません。いかに「鉄板」といっても損切りを迫られるケースもあるので、この「逆行上位足のファーストタッチで逆張り」の失敗パターンも見ておきましょう。

　次ページの**図4-5**のポンド円がそうですが、右肩下がりの15分足MAを割り込んでいったん急落したものの、そこから急角度で戻して、15分足MAを再度上に抜けて、やや右肩下がりの1時間足MAにファーストタッチしたポイントが売りで入る鉄板場面になります。

　しかし、その後、1時間足MAに何度もトライするものの、抜けきれず、かといって、下落に転じることなく、あーでもない、こーでもないと、ローソク足6本分＝約30分間、横ばいで推移したあと、aの大陽線で実体が完全に1時間足MAの上に出てしまったので、ここは損切りという場面にな

図4-5 逆行上位足へのファーストタッチ・損切りの例

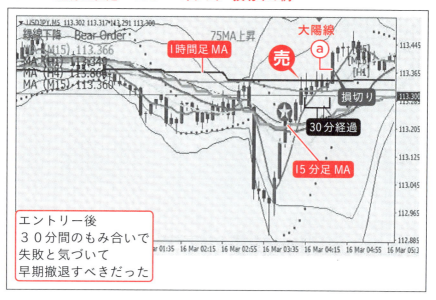

　ります。

　ただし、**それ以前に1時間足MAへのファーストタッチから30分間にわたって、もみ合ってしまっているので、及川式「20分ルール」からいえば、aの大陽線が出現する前に、エントリーと同値程度で「チャラ逃げ」するのが無難**でしょう。

　そりゃ、「鉄板、鉄板」といっても損切りに終わる例もありますよ。

　及川式FXは、エントリーしたあと、20分以内に思った方向に動かなかったら、容赦なく「逃げるが勝ち」で臨みます。

　図の横ばいのローソク足6本分、30分間も、あーでもない、こーでもない、という、ぐずぐずした値動きにつき合っているのは退屈そのもの。

　そんな時間の浪費はしたくない、という発想を持ちましょう。

　第3章で見た「タイムプロフィット」の考え方を徹底させれば、このような膠着相場のぬかるみに足を取られることもありません。

　ただ、図4-5のような損切りが怖いからといって、ファーストタッチ

ではエントリーせず、実際に下がり始めてからエントリーしようなんて思っていたら、素早い値動きに取り残されて、大きな値幅を獲ることができなくなります。

「逆行上位足MAに逆張り」というのは、1時間足や15分足に出ているトレンドに対しては順張りですが、より短時間の5分足チャートにおけるトレンドというかモメンタム（勢い）に対しては逆張りになります。

実際、下げから上昇に転じて1時間足MAにタッチしたときは、「こんな抵抗帯、ぶち抜いてしまうんじゃないの」という恐怖感を感じてもおかしくないでしょう。

でも、僕らがFX市場から利益を得られるのは、こうした「恐怖感をひしひし感じているような場面」なんです。

この場合、ローソク足の実体が1時間足MAを完全に抜けたら損切り、というプランを遵守する限り、リスクリワードが合っているのでなにをやってもいい。「恐怖感を感じるような場面こそ、実はおいしい」と肝を据えて、売りを入れるべき。

たとえ、予想がハズれたとしても、数pips程度の、ちょっとしたかすり傷で逃げられるわけですから。

恐怖感を感じてしまうような場面＝実は勝率がよく、効率よく稼げる場面であることは肝に銘じましょう。

「逆行上位足のファーストタッチを逆張り」は、図4-3や図4-5のような戻り売りだけでなく、押し目買いの場面でも、5分足チャートを見ていると非常によく出てきます。

あまり深く考えたくない人、機械的にトレードしたい人向きの鉄板シグナルなので、ぜひ活用してみてくださいね！

鉄板③ トレンド転換が失敗に終わった「抜けチャレンジ不発」

　鉄板②は、直近の5分足チャートの値動きに対しては逆張りになりますが、1時間足チャートの10本MAは右肩下がりなので、1時間足チャートで見たら順張りの戻り売りとなります。

　上がっているものを売る、下がっているものを買うという点では鉄板②と同じですが、鉄板③で紹介するのは、より順張り色の強い売り。**「抜けチャレンジ不発」と呼んでいる鉄板シグナルで、一言でいうと、トレンド転換しようとして失敗したときのシグナル**になります。

　具体的には、**図4-6**のようなチャートの形が、「抜けチャレンジ不発」の典型例です。これまで横ばい気味の上昇トレンドで推移していた値動きから急落して、下降トレンド入り。その後、上値にある上位足MA突破を目指して上昇トレンド回帰にトライしますが、抜けチャレンジが不発に終わり、結局、下降トレンドに戻る動きになります。

図4-6　鉄板③ 抜けチャレンジ不発の発生場面・具体例

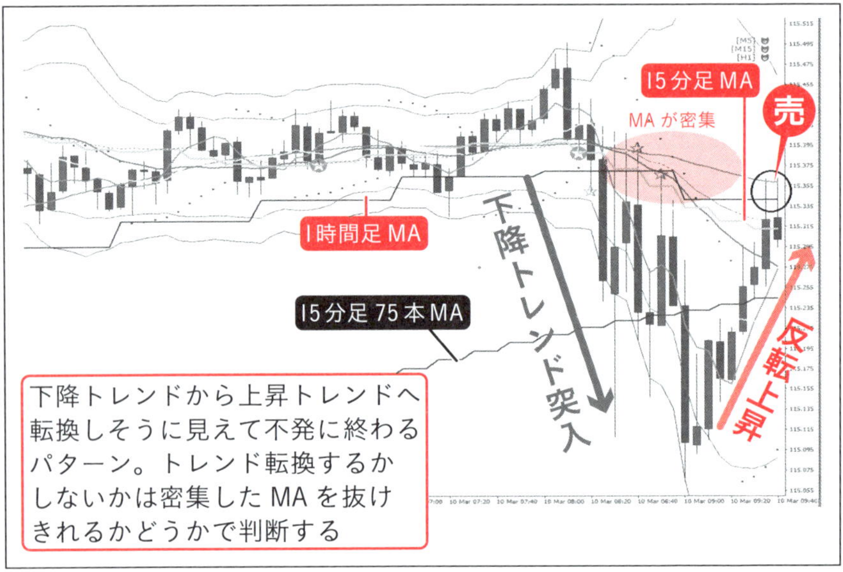

図の最終局面では、上ヒゲの長い陽線、陰線が連続して、上位足の1時間足MAの上抜けに失敗しています。

　移動平均線の位置関係を見ると、5分足の75本MA、1時間足MAが非常に近い位置にあって、その下、すぐのところに15分足MAも控えており、移動平均線の密集が発生しています。つまり、この密集を上に抜ければ下降から上昇にトレンド転換する初動シグナルになるわけです。

　しかし、そのチャレンジが不発に終わり、トレンド転換に失敗しているわけですから、買い手がノックダウンされた状況。ならば、ヨレヨレになった買い手をボコボコに売り叩くのが、ご存じ、及川式卑怯者トレード。

　図4-7は図4-6をクローズアップしたもの。右肩下がりの15分足MAとその上の1時間足MA、75本MAが非常に近い位置にあるので、打診売りからのナンピン売りを狙って、まずは15分足MAにタッチしたところで半分の資金量で打診売り。次に上ヒゲが1時間足MAや75本MAを抜けきれないで下げたところで追加売り、を僕だったらやっていると思います。

図4-7　鉄板③　抜けチャレンジ不発におけるナンピン売り

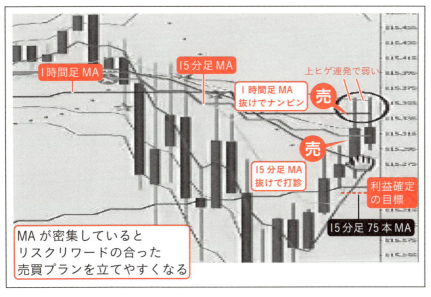

その場合の利益確定目標は下にある右肩上がりの15分足75本MA。利益2：損失1程度で、リスクリワードもぴったり合っています。

及川式FXでは、移動平均線が密集して、ローソク足がその密集地帯で推移したあと、上か下かに大きく動くところをよく狙います。その理由は、今紹介したような打診→ナンピン（ただし1度だけ）という、幅を持たせたエントリーが可能だから。

図4-8はその後の値動きです。売りでエントリーした地点は、買い手側からすると「トレンド転換するぞ、絶対に上げるぞ、ショート勢には死んでもらいます」と勢い込んで買い上げたものの、どうしても1時間足MAを抜け切ることができなかったわけですから、溺れる犬を無慈悲に叩くように、ここぞとばかりに売りたい場面です。

aの上ヒゲ陰線のあと、2本ほど15分足MA近辺で踏み止まっていましたが、大陰線bが出て急落。利益確定ポイントとしては、まずは直近安値ラインがターゲットになります。ただ、その下には4時間足MAも控えて

図4-8　抜けチャレンジ不発後の値動きと利益確定ポイント

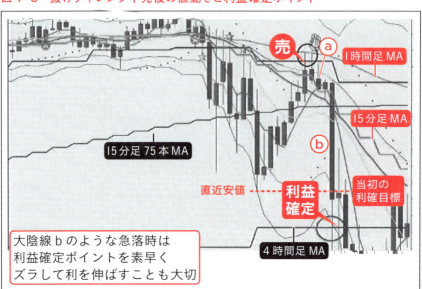

いたので、**大陰線bの下落の勢いを見て、すかさず利益確定ポイントを4時間足MAまで下げる、というのが妥当**でしょう。

鉄板④ パーフェクトオーダーの☆印点灯は時間帯が重要

鉄板④は、押し目買い、戻り売り系シグナル「パーフェクトオーダー」を使ったトレード。このシグナルの復習をすると、次のとおりでしたね。

- 5分足移動平均線が上から順に5>14>20の上昇トレンドの並びのときにローソク足が上から15分足MAにタッチすると☆（緑色）マーク点灯で押し目買いシグナル。そのとき、1時間足MAと15分足の75本MAが上向きだと、緑の丸に白抜きの☆マークになり精度アップ。

図4-9はまさにそんな場面です。

図4-9　鉄板④ パーフェクトオーダーの押し目買いシグナル

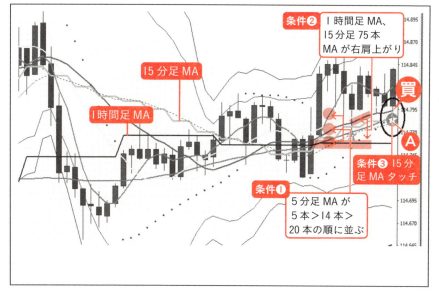

5分足チャートの移動平均線が5本足＞14本足＞20本足と並び、上昇トレンドが継続。上位足の1時間足MAも横ばい気味の右肩上がり、15分足の75本線は画面上にありませんが、右肩上がりで推移しているため、ローソク足が15分足MAに上から落ちてタッチしたAの地点で、パーフェクトオーダーの白抜き買いシグナルが点灯しました。

まさに「教科書通り」の押し目買いポイントになります。

ただ、パーフェクトオーダーでシグナルが出たからといって、必ずエントリーしていいわけでは決してありません。

及川式FXにとって必須といえる、「時間帯」や「各通貨ペアの相関・逆相関」も必ずチェックすべきです。

そして、もう一つ、注意したいのがリスクリワードです。

図4-9のあと、パーフェクトオーダーのシグナルが的中。**図4-10**のように、押し目からのきれいな反転上昇が起こりました。

シグナル点灯で買いエントリーしたポイントを見ると、15分足MAと

図4-10　鉄板④ パーフェクトオーダーはリスクリワードを見る

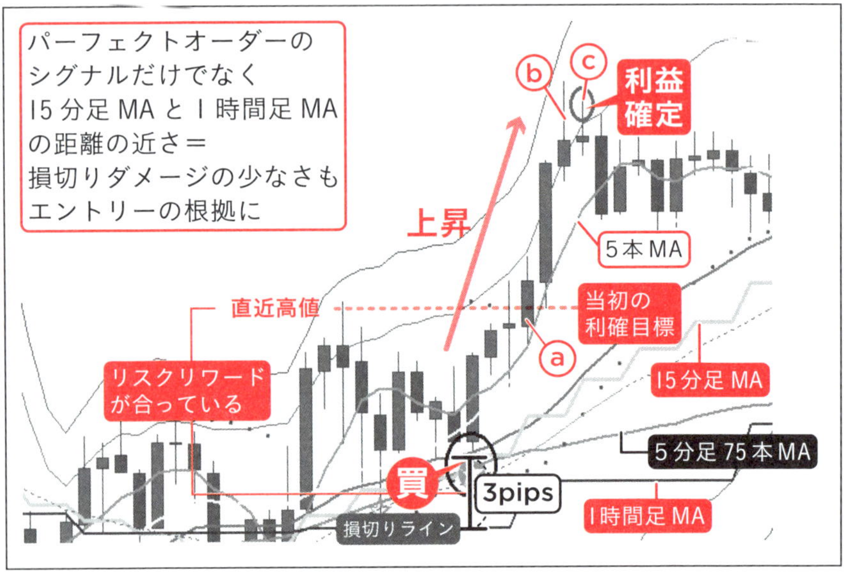

その下の1時間足MAの距離が非常に近く、およそ3、4pips。1時間足MAをローソク足の実体が完全に下抜けたら損切りすれば、たとえ失敗しても、それほど大きな痛手はこうむりません。

　反対に利益確定は直近高値ラインが最初の目標になりますが、図の陽線aがそのラインを勢いよく抜けきっています。

　こういう場合は「チキン逃げ」するのはもったいないので、5分足の5本MAをローソク足が完全に下回ったら利益確定と待ち構えながら、急騰モードに乗って獲得利益を膨らませていくことになります。

　利益が乗っていて、さらに伸びそうなわけですから、当初の目標値を変えるのは当然です。では、その場合、どこで利食うのか？

　そんなときにお勧めしたいのが、図のローソク足b、cの動きです。

　直近高値ラインを勢いよく陽線aとそれに続く大陽線で越えたものの、その次に出た陽線bでは上昇が失速し、長い上ヒゲを残して終わりました。「あれ、ちょっと、やばいぞ」という場面ですが、まだローソク足bは陰線ではなく陽線で、5分足の5本MAを割り込んでいませんから、いまだ買いの勢いが強い状況です。しかし、次のローソク足cが再び高値にトライしたものの押し戻されて、再び上ヒゲの長い陽線で終わっています。

　ここ、利益確定ポイントです！

　上ヒゲで終わったローソク足のあと、またもや高値を目指したものの、失速して上ヒゲを残して下がってきたな、と思ったら、すかさずエグジット！　この「上ヒゲ2本目で利確」は、僕も実戦でバリッ、バリッと使っている腹八分目の逃げ方です。みなさんにも、「数pipsちょっとお得な利食い法」として覚えておいてほしいですね。

鉄板⑤ 逆行上位足の抜け直しトレンド続行パターン

　押し目買いパターンでは、いったんサポート役になっていた上位足MAを割り込んだものの、そこから反転上昇して、再び上位足MAを抜け直してトレンドが続行するケースもあります。

第4章　勝てる場面だけ狙い撃つ！　独自シグナルで初心者もザクザク稼ぐ　135

図4-11 鉄板⑤ 逆行上位足の抜け直し・上昇の具体例

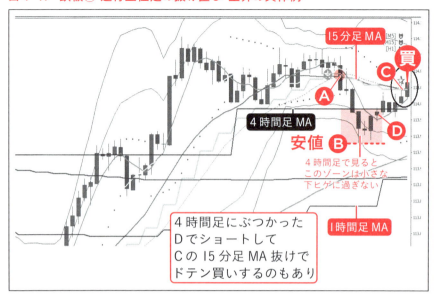

　これもまた鉄板！ **図4-11**を見てください。

　Aの地点で15分足MAなど複数の移動平均線を下に抜けて、安値Bをつけたあと、再び、上昇に転じて、図の右端の最先端Cの地点で、再び15分足MAを抜けてきた場面です。

　この場合、安値Bをつけたあとの戻りの過程で、4時間足MAにぶつかったDの地点では、上値の近いところに抵抗帯となりそうな右肩下がりの移動平均線がたくさんあり、下値の1時間足MAまでは距離があるので、リスクリワード的には売りで勝負も考えたいところです。

　もし仮に、Dの地点でショートした場合、Cの地点でローソク足の実体が15分足MAを上抜けてしまったのでお約束通り、損切りすることになります。でも、それだけじゃ、もったいない！

　「おっ、これは鉄板の逆行上位足抜け直しかっ！」と180度、方針転換して、ドテン買いを入れたいポイント、それがCの地点になります。

　AからCの地点までの値動きを見ると、結局、下値にあった4時間足

MAが支持帯になって反転上昇した局面です。4時間足MAもその下にある1時間足MAも上向きということは、長期的な視点で見れば、まだまだ上昇トレンドが続いている、ということ。

もし、このチャートの最後の数本のローソク足を4時間足チャートで見たら、赤い帯を敷いた部分は、ローソク足の下ヒゲが4時間足の10本移動平均線をほんのちょっと下ヒゲで割り込んだあと、また元通り、上昇回帰していく過程の値動きになるわけです。

5分足で見るとBの安値をつける過程で完全に4時間足MAを下抜けしているわけですが、4時間足チャートで見れば一瞬、移動平均線を割り込んで、オーバーシュートしただけ。つまり、4時間足チャートの目線で見れば、Bの地点は絶好の押し目買いポイントになる、ということです。

その上、5分足チャートでも上値の15分足MAを実体で抜き直したわけですから、これは「上昇トレンド続行だっ」と確信を持って、新規にロングエントリー、もしくはドテン買いを入れられる場面だったわけです。

図4-12　鉄板⑤ 逆行上位足の抜け直しのエグジット設定

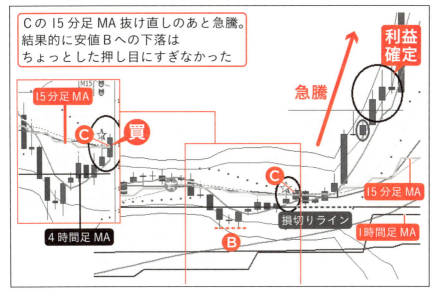

第4章　勝てる場面だけ狙い撃つ！　独自シグナルで初心者もザクザク稼ぐ　137

で、結果はどうなったかというと、前ページ**図4-12**のように、逆行上位足を再び抜き直したCの地点からぐんぐん上昇が続きました。

　図4-12の上昇を見て、損切りポイントの話をしてもしょうがないかもしれませんが、図のCの地点でロングエントリーしたあとの損切りポイントは下値にある4時間足MAになります。

　図4-13❶はエントリーポイントCの近辺をクローズアップした拡大図です。よく見るとわかりますが、ローソク足aの実体が15分足MAを抜けたあと（ここでエントリー）、次のローソク足bが15分足MAを再び陰線で割り込んでいます。

　「ここで損切り？」と考える人もいるかもしれませんが、僕ならここでは絶対、切りません。

　なぜかというと、そのすぐ下にある右肩上がりの4時間足MAを根拠に、「上位足MAで見たらまだ上昇トレンド続行だから買い」と決めたわけですから、この場合の損切りポイントは4時間足MAをローソク足の実体が

図4-13　損切り・利益確定の設定法とは?

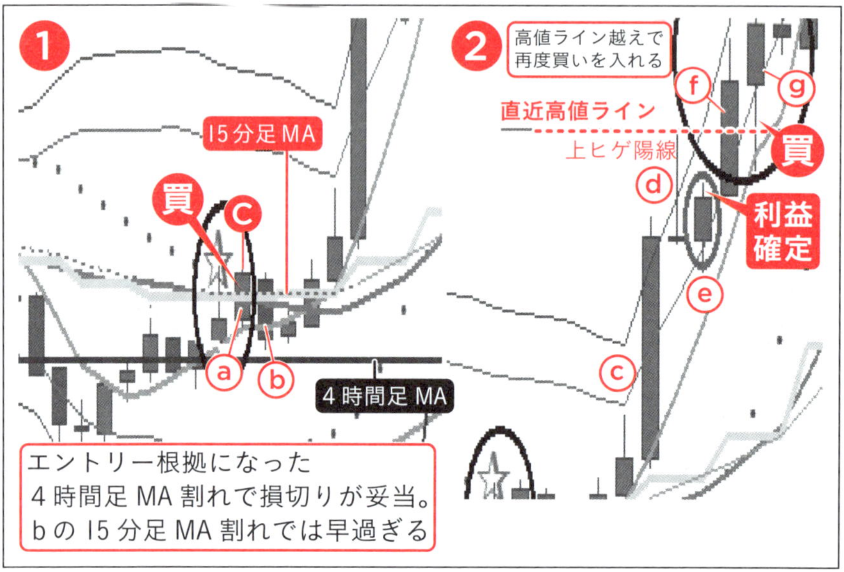

割り込んだときであるべきだから。

FX取引はしっかり根拠を持ってエントリーし、その根拠が成り立たなくなったら潔く損切りする、というのが絶対ルールです。逆にいうと、エントリーの根拠になった動きがまだ否定されていないうちに、ビビッて損切りする必要はないということ。

卑怯者FXを推奨していてなんですが、自分自身の判断に対しては、やっぱり正直者になりましょう！

反対に、予想通り、というか、予想を上回るほど利益が伸びた場合は、どこで利食いするかも大問題になります。

図4-13❷に拡大図を載せましたが、僕なら、エントリー後に20分程度もみ合いが続いたあと、大陽線cが出て急騰。その後、上ヒゲの長い陽線dが出た次の陽線eの終値でいったん利食います。

これ、先ほど見た「2度目の上ヒゲで腹八分目逃げ」に近い利確法ですが、この陽線eは、直近の上ヒゲ陽線dの高値まで戻すこともなく、しかも上ヒゲすら残すことができず終わったからです。

当然、そのあとの上昇を見ていれば、ここは陽線だし、まだ粘ってもよかった場面ですが、残念ながら実践では、この弱い形の陽線eのあと、どんな展開が待っているか、わかりません。

そもそも上ヒゲが極端に長い陽線dが出現した時点で、「この上昇、そんなに長く続きそうもないぞ」と感じて、利益確定ポイントを早々に探しておく局面といえます。

ただ、図4-13❷にもあるように、その後の展開を見ると、僕の腹八分目利食いのあと、再び上昇が続いています。

こういった場合は、上ヒゲ陽線dの高値にラインを引いて、ローソク足fがそのラインを勢いよく抜けたところ、もしくは、その次のローソク足gがいったん高値ラインまで下がってきて、ラインにタッチしたところが新たなエントリーポイントになります。

この場合、すでに急騰が続いて、下値にある15分足MAから、かなりかい離しているので、損切りをそこまで粘ったら大損になってしまいます。

第4章　勝てる場面だけ狙い撃つ！　独自シグナルで初心者もザクザク稼ぐ　**139**

この時点での損切りポイントは、dの上ヒゲ高値ラインをローソク足の実体が完全に下回って終わったところになります。

急騰・急落相場では常に大逆転の可能性を考えおく

　為替レートの急騰や急落が続くと、ローソク足が移動平均線から離れすぎてしまうので、移動平均線を損切りの目安に使うことができなくなります。そうした場合は、**エントリーの根拠になったラインを完全にローソク足が割り込んだり越えたりして終値をつけたら損失確定、というのが、損切り貧乏にならず、かといって大やけどしない損切りの方法**です。

　急騰局面でさらなる高値更新を狙って買いを入れるのは、怖い者知らずの僕でも怖いもの。**損切りラインはタイトにして、かつ、ナンピンは厳禁という姿勢で臨まないと大きなダメージを食らってしまう**ので注意が必要です。特に、前ページで見たような「上ヒゲ高値ブレイク」というのは、ある意味、ロング勢のパンチがクリーンヒットして、「やった、当たった」と買い手側が調子こいている状況です。

　その状況で調子をこく要因になった上ヒゲ高値を再び割り込んで下落し始めた、というのは、調子をこきすぎたロング勢が、ショート勢のカウンターパンチをもろに食らってしまった状況です。

　そんなとき、これまでの上昇の勢いを忘れられずに大振りパンチを繰り出していると、逆にもう一発、二発、ショート勢のきれいなカウンターパンチを食らって逆転負けしてしまうリスクが高まります。

　そんな状況では、もう買いの勝負はあきらめて、逆に、上ヒゲ高値ラインを抜けないようならドテンして売りで勝負すべき。コウモリのように、ショート勢に寝返るのが妥当な判断といえるでしょう。

　相場がどっちに転ぶかは誰にもわかりません。

　鉄板⑤で紹介した例では、結果的に上ヒゲ高値を軽々と上抜けして、ロング勢が圧勝。まだまだ上昇が続いていくことになりましたが、こういう急騰・急落局面では、常に「大逆転が起こる可能性」を視野に入れている

ことがとても重要です。

さて、**図4-14**は、ドル円ではなく、ポンド円の5分足チャートです。図のAのポイントでの1時間足MA下抜けから、Bの地点で再び上昇に転じたのも、鉄板⑤の逆行上位足抜け直しでトレンド続行の一例になります。

Aの地点以降の下げは、1時間足チャートで見たら、1時間足チャートの10本移動平均線にローソク足の下ヒゲが軽くタッチしただけで反転上昇した局面になります。最初の例のような急騰にはつながらず、1時間足MAを抜け直したBの地点で買いエントリーしたとしても約13pips程度と、大きな利益を上げることはできませんでした。

その後、Cの地点で15分足MAを上抜けするのを待って買いエントリーしていた場合、上昇はローソク足たった2本分に過ぎず、直近高値ラインDを割り込んだところで薄利撤退という結果になりました。

逆行上位足抜け直しが長く続くか、それとも短命に終わるかは誰にもわかりません。でも、このサインも鉄板シグナルの一つです。当たると大き

図4-14　ポンド円の逆行上位足抜け直し上昇の具体例

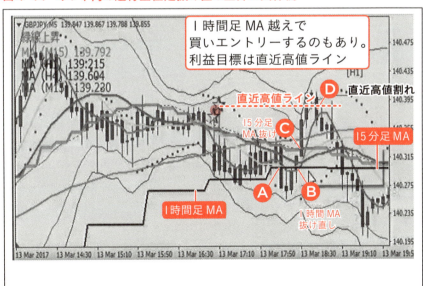

いので、損益管理に注意しながら、実戦で同じような形を見つけたら、ぜひトライしてみてください。

　その際、**勝利の秘訣といえるのは、いったん逆行上位足MAを割り込んだあと再度抜け直す動きは、上位足チャートで見たら、単なるヒゲが移動平均線にタッチしたレベルの反落（もしくは反転上昇）でしかないこと。**

　時間軸が違うと、見ているトレンドも違う、という「チャートの構造」をしっかり理解できていれば、着実に稼げるシグナル、それが鉄板⑤の「逆行上位足抜け直しでトレンド継続」シグナルなのです。

鉄板⑥・これぞ鉄板中の鉄板といえる「シリーズ揃い」

　及川式FXの鉄板中の鉄板といえるのが、円なら円、ドルならドル、ポンドならポンドなど、通貨シリーズがすべて同じ方向に「揃った」ときの超順張りトレードです。まずは**図4-15**をご覧ください。

図4-15　19時15分、円シリーズが揃って上昇時のチャート

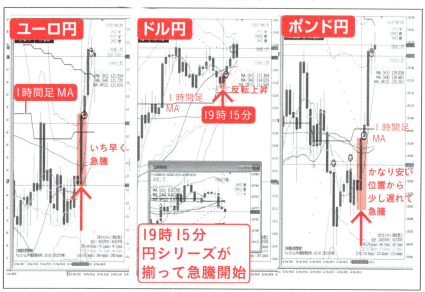

これは2018年3月16日、実際に僕が取引して大成功を収めた日本時間19時15分前後のユーロ円、ドル円、ポンド円の5分足チャートです。この画面、これこそが僕が本書で何度も話している「通貨シリーズが揃った状態」。このケースでは、図の矢印のポイント（19時15分）で円シリーズは揃って上昇を始めました。

　その詳細を追ったのが**図4-16**。この日はこの時間帯まで、ドル円は上昇、ユーロ円、ポンド円は下落後、横ばいで「揃っていない」状態でした。しかし、突如、19時15分にまずはユーロ円が急騰（図の①）。大陽線をつけて、15分足MAどころか1時間足MAもブチ抜きます。

　そこで、高値圏にあったドル円を見ると（図の②）、これまた15分足MAを支持帯にして反発を開始していました。

　「じゃあ、ポンド円は？」と急いで見ると、ユーロ円同様に、大陽線が出現して、15分足MAを突破したところでした。

　まさに円シリーズの通貨ペアすべてが「揃って」急騰する、パチンコで

図4-16　揃って動いた円シリーズ3通貨ペアの値動きを追え!

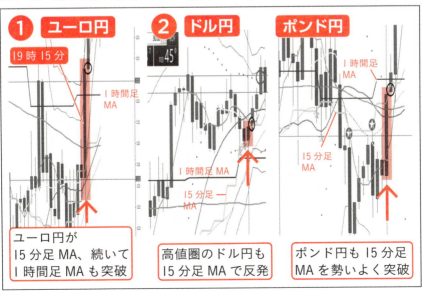

いうところの"確変"モードに入ったわけです。

「じゃあ、どうするか？」

　当然、円シリーズを買って買って買いまくるしかないわけですが、3通貨ペアのチャートの状況を見ると（**図4-17**）、ドル円は、利確目標となる直近高値に近すぎて、そんなにおいしくありません。

　じゃあ、19時15分の段階で真っ先に急騰し、一番勢いがあるユーロ円はどうかというと、上値に控える右肩下がりの15分足75本MAが抵抗帯になりそうで、これまた目標利幅の少なさが気になりました。

　また、19時15分のローソク足1本で、15分足MAだけでなく、1時間足MAまで上抜いていて、15分足MAまで下がったら損切りでは損失額が大きくなりすぎてリスクリワードが合いません。

　上昇の勢いが強すぎるのも、見送りの理由でした。

　そんな中、ポンド円は19時15分時点ではまだ15分足MAを抜けたばかりで上値の1時間足MAに挑戦する瞬間。ユーロ円に比べると明らかに

図4-17　円シリーズ3通貨ペアのリスクリワードを見る

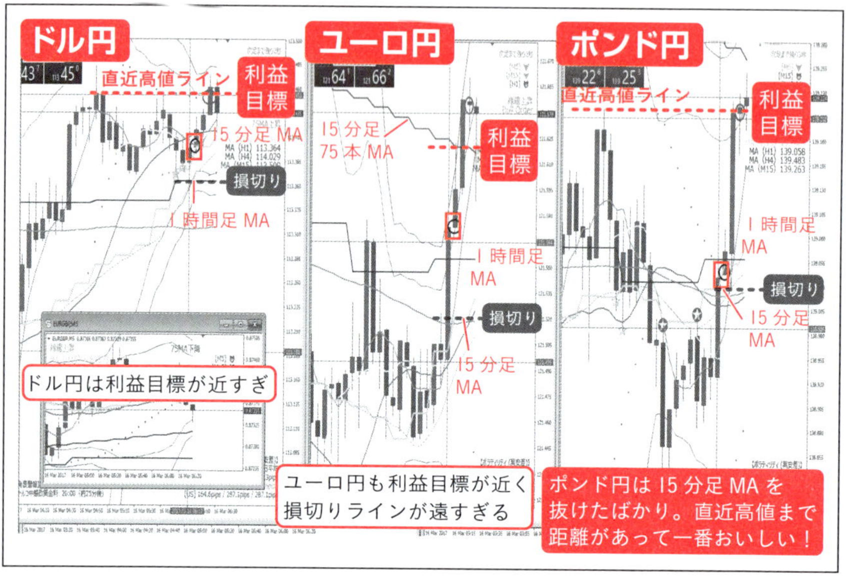

出遅れています。

　直近高値ラインまでの距離がかなりあって、そこまで伸びたら爆利を得ることができます。しかも、1時間足MAと、その下の15分足MAの距離が近い！

　つまり、1時間足MA抜けで買って、15分足MA割れで損切りしても大した痛手をこうむりません。

「リスクリワード的に見てポンド円最強！」

　このあたりの判断は実戦を重ねて、"反射神経"を鍛え上げないとなかなか瞬時に下せるものではありませんが、僕はドル円、ユーロ円は捨て、19時20分の足で1時間足MAを上抜いた、出遅れポンド円1本に資金量マックスの60ロット、600万通貨のロング玉をブチ込みました。

　図4-18がそのエントリーとエグジット地点になります。利益確定ポイントに想定した直近高値ラインに到達したポンド円は、大陽線aでいったん高値を突破したものの、次の陰線bで高値ラインを割り込みました。

図4-18　円シリーズ出遅れポンド円の売買ポイント

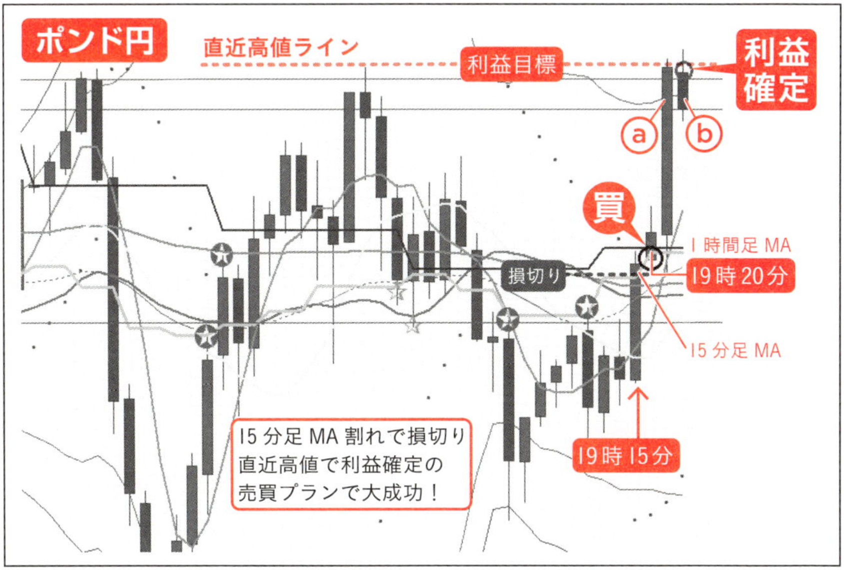

第4章　勝てる場面だけ狙い撃つ！　独自シグナルで初心者もザクザク稼ぐ　145

この形、覚えていますか？

そうです、鉄板④で触れた「上ヒゲ2本連続は早逃げ利確のサイン」の変形です。2度高値にトライして下げたら弱い、と判断できるので、ここはたとえチキン野郎といわれようと、容赦なく利確して撤退です。

ということでポンド円ロング600万通貨の保有時間は19時20分20秒から25分50秒ぐらいまで、たったの5分強。僕は約15pips抜きに成功して、約90万円の利益を稼ぎました。

よりワイドな時間軸で、その後のポンド円の推移を示したのが図4-19。案の定、ポンド円はレンジ相場の上限にもなっている高値ラインを越えることができず、僕が利確したあと、少し上がって下落に転じました。

ワイドな視線で見ると、ポンド円は下げトレンドの中の横ばい相場が続いていただけの局面でした。円シリーズ揃い踏みが発生したのは、レンジ内の下限近辺から、"ちょい上げ"した場面にすぎませんでした。

このように、円シリーズが揃ったといっても、その連動が非常に短時間

図4-19　より長いスパンで見たポンド円の値動き

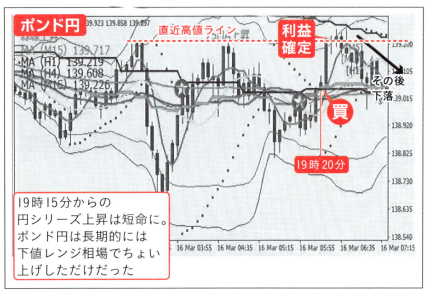

で終わることもあります。

　この例のような、たった15分程度の連動から利益を得るには、相場にずっとかじりついて値動きをウォッチし続ける時間や集中力、ちょっとした変化に即応できる反射神経がないと、なかなかうまく行かないように思えるかもしれません。

　しかし、通貨シリーズの方向性が「揃う」時間がこの例以上に長いケースも数多くあります。また、シリーズが揃いやすいのは欧州時間の開始直後や「○○時ジャスト」といった時間帯。時間帯を意識すると、シリーズが揃う瞬間を前もって待ち構えることも可能です。

　揃って動くシリーズは値動きも強く、なにより、テクニカルが効きやすいので、初心者の方でも比較的簡単に売買判断を下すことができます。

　まずはドル円、ユーロ円、ポンド円が「揃う」瞬間を狙ってみてください！「円シリーズが3つ揃って上昇した！」→「3つの通貨ペアの中で抵抗帯となる移動平均線を抜けたばかりなのはポンド円！」→「ポンド円は、まだまだ直近高値まで距離があるぞ！」というふうに、**リスクリワードを確認して、即座にポンド円を一点買いできる反射神経を身に付けることができれば、きっとトレードの技術も成績も格段に向上する**はず。

　しかも、比較的長い相関にうまく乗ることができれば、単純な順張りトレードで大きな利益を上げることもできます！

鉄板シグナル①〜⑥の中のオススメや難易度は？

　6つの及川式FXの鉄板シグナルをご紹介しましたが、ぶっちゃけ、オススメや難易度はあるんでしょうか？

　一番見つけやすいのは鉄板②の「逆行上位足のファーストタッチで逆張り」でしょうか。いわば、パンチを繰り出す相手の撃ち疲れを狙って、カウンターパンチをお見舞いする手法です。

　損切りの設定ラインが、売買の根拠となる逆行上位足の実体抜けになるので、失敗してもすぐに損切りできて、傷が浅いところも大きな利点です。

第4章　勝てる場面だけ狙い撃つ！　独自シグナルで初心者もザクザク稼ぐ　147

それは鉄板⑤の逆行上位足の抜け直しも同様です。

鉄板④のパーフェクトオーダーを使った押し目買い・戻り売りはダマシも多く、また、シグナルが出たあと、なかなか上昇（もしくは下落）せず、もみ合いが続くことも多いので、少し我慢が必要です。

及川式FXに慣れてきた人が一番大きく稼げるのは、やはり鉄板⑥の通貨シリーズが揃ったところを狙う超順張りトレード。

円なら円、ドルならドル、ポンドならポンドと、**通貨シリーズすべてが同じ方向を向いているときの力強い値動きに乗るのがやはり一番短時間で、手っ取り早く稼げる手法**といえるでしょう。

復習として、**図4-20**に鉄板シグナルをまとめてみました。単にシグナルを猿真似するのではなく、第3章で触れた「リスクリワード」「タイムプロフィット」、そして「時間帯」「通貨シリーズ」の4つの要素を加味したうえで、実戦で試してみてください！

図4-20 これだけで十分！ FXの鉄板シグナル6・まとめ

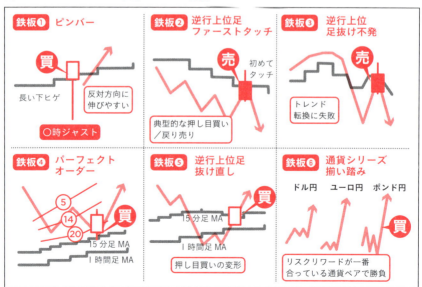

第 5 章

豪州の
お宝
ハンター！

及川式・上級編
「オージーテクニカル」

取扱注意の秘技
「オージーテクニカル」とは?

オージーシリーズの相関・逆相関を狙え!

　僕、及川圭哉がここまでFXで大成功できた理由、今、僕のトレードの一番の収益源になっている手法、それが「オージーテクニカル」です。

　でも、最初にいっておくと、**オージーテクニカルはかなり取扱注意のシロモノ**。

　なかなか使いこなすのは難しいので、ここまで書いてきた及川式FXの基本をきちんと理解したうえで、最初は小ロットで、"おそるおそる"試してみてくださいね。

「及川式の基本って、なんだっけ?」と、ここまでの内容をすでに忘れてしまった方のために書くと、

「FXでは取引する時間帯に注意すること。テクニカルが効きやすい時間帯とダマシが多発する時間帯があることを常に意識する」

「単純なテクニカル分析だけでなく、エントリーするときは、目標利益と想定損失をきちんと見比べ、利益:損失が2:1程度以上になるよう、"リスクリワードが合っている"場面でのみ勝負する」

「一つのトレードにだらだらと時間をかけない。20分以内をメドに、腹八分目でさっさと勝ち逃げする」

「トレードしない勇気も大切だ!」

　などなど。そして、一番重要なのは、

「通貨ペアは単独で見るのではなく、円ならドル円、ユーロ円、ポンド円など通貨シリーズ全体を見て、相関・逆相関の関係性をしっかり頭に叩き込む。シリーズの方向性が"揃っている"ときのほうがテクニカルの効きも抜群によくなり、勝率が格段にアップする」

150

といったところです。

このあたりのことをこの本を読んで十分理解し、**実際にトレードして多少痛い目にも遭って、初めて、少しずつ使いこなせるようになるのが、及川式超オリジナルトレード「オージーテクニカル」**だということは肝に銘じてください。

オージー円・ドル、ポンド・ユーロオージーの相関・逆相関

オージーといえば「ビーフ」といいたいところですが、FXの世界で「オージー」といえば当然ですが「豪ドル」、南半球に位置する、夏と冬が日本と真逆だけど、同じアジア枠でワールドカップの予選を戦う、カンガルーとコアラが有名な国・オーストラリアで使われている通貨です。

オージードルは、米ドル、日本円、ユーロ、英ポンドなどに比べると、取引高が少なく、普段は値動きも乏しく、世界中が金融不安や経済危機に見舞われると、流動性がないため大暴落してしまう…など、デイトレではどちらかというと「やりづらい」通貨といえます。

そんなオージーの通貨ペアといえば、

● オージー円、オージードル（豪ドル/米ドルのこと）など、前にオージーがつく組み合わせ

反対に、日本の投資家には極めて馴染みが薄いですが、

● ユーロオージー、ポンドオージーと、後ろにオージーがつく組み合わせ

があります。

オージーが5つの通貨で最強のときは、前者のオージー円、オージードルは右肩上がりに上昇し、逆に後者のユーロオージー、ポンドオージーは右肩下がりに下落します。

第5章 豪州のお宝ハンター！ 及川式・上級編「オージーテクニカル」 **151**

オージーが最弱のときは、前者のオージー円、オージードルは下落、逆にユーロオージー、ポンドオージーは上昇します。

4つの通貨ペアを表示して、オージー円とオージードルの組、ユーロオージー、ポンドオージーの組がそれぞれ同じような動きをしているときは「相関が効いている状態」と表現します。

さらに「オージー円・オージードル」組と「ユーロオージー・ポンドオージー」組が鏡に映したように反対方向に向かって動いている状況は「逆相関が効いている」と呼びます。

前者の2つ、後者の2つが相関関係を維持しながら、前者2つ、後者2つの動きが真逆の逆相関になっている状態、それが及川流秘伝のタレ…、いや「オージーテクニカル」なのです！

オージードル（豪ドル）というのは、先ほどもいったようにマイナー通貨です。普段はそんなに注目されず、取引量も少ない通貨が、日本円、米ドル、ユーロ、ポンドという4大メジャー通貨に対して揃って最強・最弱の値動きをするということは、そのときに限っていうと、多くの市場参加者が大挙して、オージーを取引し始めていることを意味します。

オージー円、オージードルの相関、対するユーロオージー、ポンドオージーの逆相関がぴったり揃った**「オージーテクニカル」が発生しているときはテクニカルの効きも抜群で、売買シグナルの精度も極めて高くなるので、その動きに超・順張りで乗っかると、実に"おいしい"！** というわけなのです。

といっても、なかなかイメージしづらいと思うので、まずは右の**図5-1**をご覧ください。

図5-1は4つの通貨ペアの値動きを示したものですが、オージー円、オージードルが下落、ユーロオージー、ポンドオージーが上昇と、相関・逆相関が合致したときが、オージー最弱を示す「オージーテクニカル」の発動タイムになります。

個別の値動きを見ると、オージー円は、このとき、円シリーズすべてが弱い動きの中、安値を更新して下げています。

152

図5-1 オージー最弱でオージーテクニカルが揃った場面

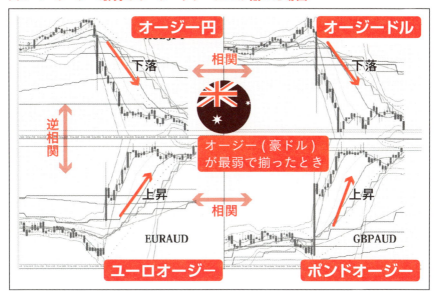

　オージードルは、2度トライした安値に3度目のトライを試みているものの、さらに急落というよりかは、直近安値あたりで反転上昇しそうな形状になっています。

　一方、ユーロオージー、ポンドオージーは一直線に急騰したあと、高値圏において横ばい推移。前の高値を抜けてさらに上昇するか、それともダブルトップを形成して反落するか、という高値持ち合いを形成しています。

　これは長年の経験から得た僕の"知恵"ですが、同じオージーがらみの通貨でも、**オージー円、オージードルは値幅が小さく、ボラティリティが少ないので、「オージーテクニカル」発生時に狙う通貨はユーロオージー、ポンドオージー主体**になります。

　感触的にはオージー円、オージードルが15pipsしか動かないとき、ユーロオージー、ポンドオージーは25pips近く、急激に動くイメージです。

　図5-1のユーロオージー、ポンドオージーは直近の高値を抜けて青天井でさらに上昇するか、それとも上昇の勢いが止まって反落するかの瀬戸

際にあります。

　上位足MAは急騰によってはるか下値に置いてけぼりになっているので、この場合、**図5-2**で示したように**ユーロオージー、ポンドオージーが直近の高値ラインを抜けたら買い、抜けられなかったら売りというように、直近高値ラインを根拠に売買プランを立てる**ことになります。

　自分がロングポジションを持っている状況を想像するとわかりやすいですが、ロング（＝買い手）側は直近高値を抜けると、前回高値でロングした人が勇気を持って継続保有できますし、高値抜けを見て新たな買いも入り、売りが出にくくなるので、いっきに急騰する可能性が高くなります。

　逆に直近高値の壁を抜けられないとなると、前回高値で買った人が投げ売りに走り、逆張りを狙ったショート勢の新規売りも入るので、下がりやすくなります。

　基本はどっちに行ってもらってもよく、高値ラインをリスクリワードの起点ととらえ、高値ラインを抜けて上昇したときは買いを入れて、ローソ

図5-2　ユーロ&ポンドオージーの高値ラインに注目する

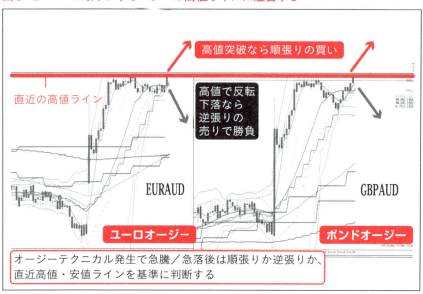

オージーテクニカル発生で急騰／急落後は順張りか逆張りか、直近高値・安値ラインを基準に判断する

ク足の実体がラインを完全に割り込んだら損切り。

すかさずドテンしてショートを入れれば、かなり簡単に勝てます。

さらに時間が経過したチャートが**図5-3**ですが、ユーロオージー、ポンドオージーともに上位足の15分足MAが横ばいになって上昇力が低下、ローソク足もわずかですが、15分足MAを割り込んで推移しています。

こういった**上昇が失速気味のときに、僕がよく使うのはボリンジャーバンド**。急騰、急落など為替レートの値動きに勢いがあるときのボリンジャーバンドは上下にどんどん拡散していきます。しかし、値動きの勢いが落ちると、途端にバンドの幅は縮小に転じます。

その後、ローソク足がボリンジャーバンド中央の移動平均線（天才チャートでは5分足の20本MA）を越えて、反対側の-2σにぶつかったら上昇局面が終了し、今後は下がる可能性が高いと判断します。

しかし、図5-3の段階では、いまだユーロオージー、ポンドオージーともに逆側のボリンジャーバンドの-2σに当たっていなくて、再度、こ

図5-3　オージーテクニカル発生後のユーロ&ポンドオージーの推移

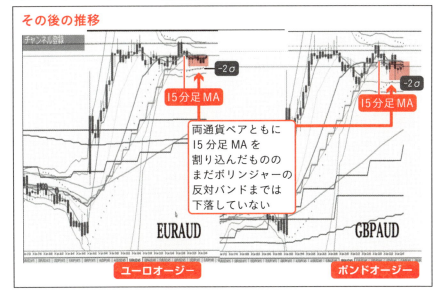

こから上昇もありうる、という怪しい雰囲気です。

　ポンド、ユーロがらみの通貨を取引するとき、「迷ったらユーロポンドに訊け」が僕の流儀。

　そこでマイ監視通貨のユーロポンドを見ると、**図5-4**の❶のように、ユロポンがかなり大きな陽線をつけて、上昇を始めました。

　はい！　これが短期売買で稼ぐFXトレーダーが"脊髄反射"レベルで反応しなきゃいけない「変化」です。

　この「変化」こそ、オージーテクニカル発生後の仕掛けの一例になります。ユーロポンドの上げはユーロが強いか、ポンドが弱いかのいずれか。

　そこで図5-4の❷に示したポンド円、ポンドドル、ユーロドルの値動きを見ると、ポンド円、ポンドドルは下げているので、ポンドが弱い雰囲気が濃厚でした。

　一方、ユーロドルは瞬間的に、上げていてユーロが強いかもしれない状況でした。そんな中、オージードルを見ると、上げてはいないものの、下

図5-4　オージーテクニカル発生時の他の通貨ペア動向

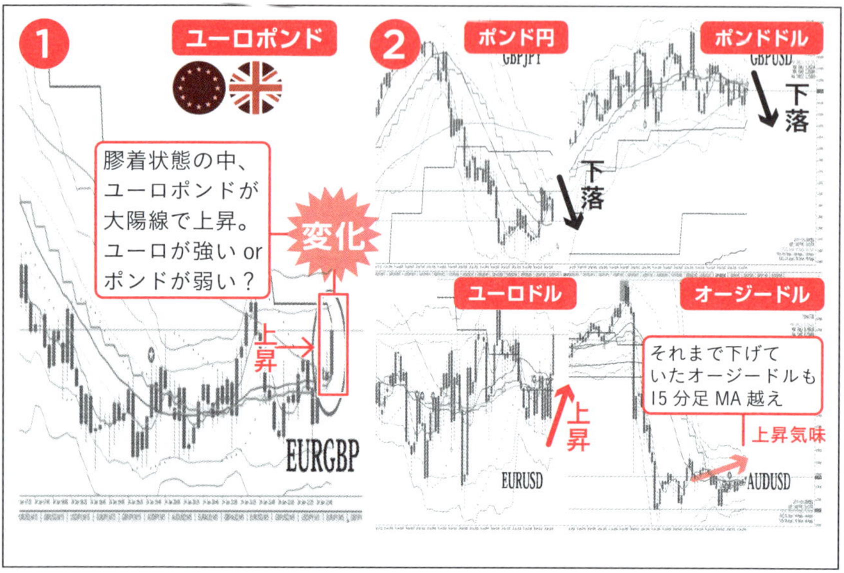

げが続かず、15分足MAの上まで、"ふわっ"と上がってきています。

　まるで"推理小説"みたいですが、図5-4の状況をまとめると、オージーテクニカルが発生してオージー円、オージードル下落のときに、逆相関が効けば、ユーロオージー、ポンドオージーは上がり続けないといけません。

　にもかかわらず、直近の値動きを見ると、ユーロオージーもポンドオージーもなかなか上昇しづらい状況になっている。そんな中、それまで下げていたオージードルも"ふわっ"と上げてきた。

　これは、オージーテクニカルの終了なのではないか？

　だとするなら、これまで上昇が続いてきたユーロオージーやポンドオージーを売ると儲かるんじゃないのか？

　じゃあ、ユーロとポンドのどっちを売ったらいいの？

　ということで、ユーロポンドを見ると、陽線が出て上昇した！

　つまり、たった今、強いのはユーロで、弱いのはポンドだ。

　ユーロドルが瞬間的に上げていることから見ても、ユーロは強そうだ。

　そうなると、ユーロオージーを売ったとしても、なかなか下がらない可能性が高い。

　一方、ポンドに関しては、ポンド円、ポンドドルも下げている。つまり、円、ドル、ユーロ、ポンドという4つの通貨の中で最弱の状況だ。

　だとするなら、オージーテクニカルが揃っている状況から値動きが反転するときの最善手は、ポンドオージー売りで決まりだっ！

　と、まるで名探偵コナンのように推理するわけです。

　頭の中で考えるぶんには10秒もかからないことを、いちいち文字に起こすと、このような長い文章になります。人間のオツムって偉大ですね！

　まとめると、**オージーテクニカルが揃っている状況で、次にすることは円、ドル、ユーロ、ポンドの中で最強、最弱通貨はなにかを探すこと。**

　最強の通貨がわかれば、その通貨に対してオージーを売れば儲かるし、最弱の通貨がわかればその通貨に対してオージーを逆張りして買えば儲かる、ということです。

　果たして、その後のポンドオージーはどうなったのでしょうか？

第5章　豪州のお宝ハンター！　及川式・上級編「オージーテクニカル」　157

図5-5 オージーテクニカル終了時のポンドオージー売り

　図5-5が、ポンドオージーをショートしたエントリー時のチャートになります。図で示したように、オージーテクニカルが終了しそうな雰囲気を察知して、ユーロポンド上昇という"変化"を根拠に、狙いを最弱通貨ポンドに絞り、ポンドオージーが15分足MAを上から下に、下ヒゲの長い陰線で割り込んだところでショートエントリー。

　このポイントはちょうど図5-4の❶で見たユーロポンド上昇と同じ時間の5分足の値動きになります。

　損切りラインを直近高値ライン、目標利益を直近安値ラインに設定すれば、リスクリワード的にも、まあまあおいしい取引といえました。

　その後のポンドオージーの推移が図5-6です。

　僕のちょっと"長ったらしい"読み通り、ポンドオージーはエントリーの約20分後に急落して大陰線が出現しました。

　僕は、その陰線が逆側のボリンジャーバンド-2σラインに当たったところで利確。このポイントは、直近安値ラインともほぼ重なっています。

図5-6　ポンドオージー売りの利益確定とユーロオージーの動き

　しょせん、オージードルはマイナー通貨。市場参加者が大挙して取引する時間はそんなに長くはありません。
　だからこそ、オージーテクニカル発生で超順張りも"おいしい"ですが、オージーテクニカル終了で逆張りも実に"おいしい"！
　僕が秘伝のワザ・オージーテクニカルを使ったトレードがやめられない理由です。これはオージーテクニカルに限った話ではありませんが、**通貨の相関・逆相関を見ながら、今、強い通貨・弱い通貨をたえず意識して、「一番強い通貨を買うのがいいのか、一番弱い通貨を売るのがいいのか？」をあれこれ考え、どちらに転びそうかを敏感に察知して売買していけば、負けにくく、勝つときはすんなり勝てるトレードができる**ようになります。
　そのためには、先ほどのユーロポンドのちょい上げのような"ビミョーな変化"に敏感であること！
　その変化から瞬時に「ポンドが弱い、だったらポンドオージーは逆張りで売ってみる価値あり」と即座に反応して行動することが大切です。

要人発言で発生したオージーテクニカルの具体例

オージーテクニカルが発生しやすいのは、オーストラリアに関する経済指標や要人発言が報じられて、その発表がサプライズなものになり、多くの市場参加者が豪ドルに注目した瞬間が多くなります。

図5-7は、2019年2月6日15時15分、豪州準備銀行の総裁の発言で、オーストラリアの景気低迷や政策金利の引き下げに市場参加者の関心が集まり、豪ドルが他の通貨に対して叩き売られたケースです。

ただ、そんなニュースのことはあまり気にしなくても、MT4の天才チャートで図に示したオージーシリーズの4つのチャートを見れば、「おっ、オージーが急に動き出した。方向性はオージー売り」ということが、オージー円、オージードルの5分足チャートに出現した大陰線、ユーロオージー、ポンドオージーに出現した大陽線ですぐに察知できます。

図5-7の大陰線、大陽線にすぐに乗るのは僕だってすごく難しいです。

図5-7　要人発言でオージー暴落時のオージーテクニカル

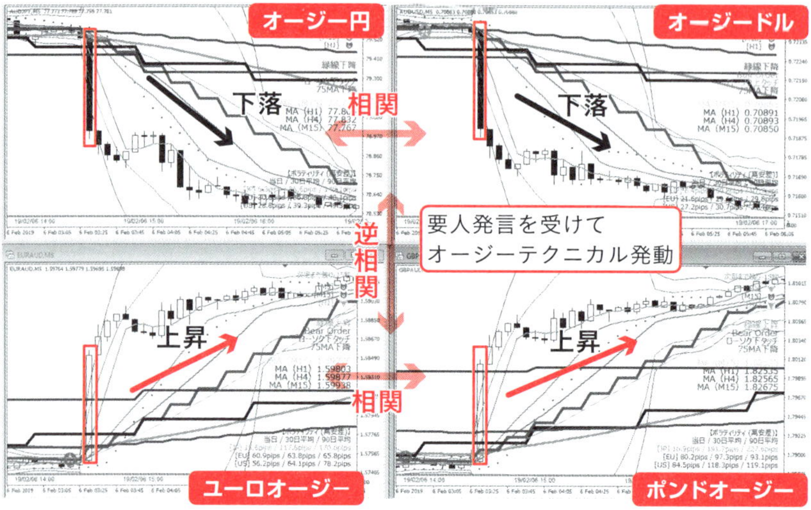

2019年2月2日15時15分

でも、これほどのオージー売りはすぐには収束しないという経験からいえば、たとえば**図5-8**のポンドオージーの大陽線に続く、ローソク足3本分の上げは、このとき、5分足チャートにかじりついていれば、楽勝で獲れたはずです。

　さらに、その後の展開を見ていくと、図のAのポイントでは第4章で紹介した鉄板❷の「逆行上位足のファーストタッチで逆張り」、Bのポイントでは鉄板❺の「逆行上位足の抜け直しで押し目買い」シグナルが発生。上昇トレンド継続を睨んだ押し目買いを入れると、とってもわかりやすく、簡単に稼ぐことができました。

　ちなみに、このときのユーロポンドは下落トレンドで、ポンドが強く、ユーロが弱く、なおさらポンドオージーを強気にロングしやすい、とっても"やりやすい"状況でした。

　一方、このときのオージーテクニカル発生時点の他の通貨ペアの状況は？　というと、

図5-8　オージー最弱時のポンドオージーの売買ポイント

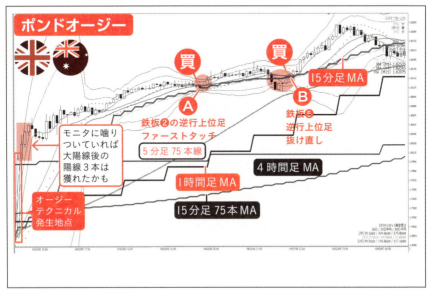

○ドル円は横ばいから急落していて、円がやや強くドルが弱い状況
○ユーロ円、ポンド円は下げトレンド
○ユーロドル、ポンドドルは乱高下しているものの、長期的には下げ気味

でした。では、この状況で円、ドル、ユーロ、ポンドのうち、最強通貨と最弱通貨はなんでしょうか？

はい！ 図5-8の裏でユーロポンドがずっと下げていたわけですから、答えは「最弱ユーロ、最強は円」になります。

今、取り上げているオージーテクニカルはオージー最弱バージョンのケースですから、「最強通貨を買い、最弱通貨を売る」という基本に忠実な取引をするなら、オージー円ショートも視野に入るところです。

図5-9は、オージー円が要人発言で大暴落後にいったん上昇したあと、再び下落に転じたところからの5分足チャートになります。

オージーテクニカルが成立して、テクニカルが効きやすい状況ですから、

図5-9 円最強、オージー最弱時のオージー円のチャート

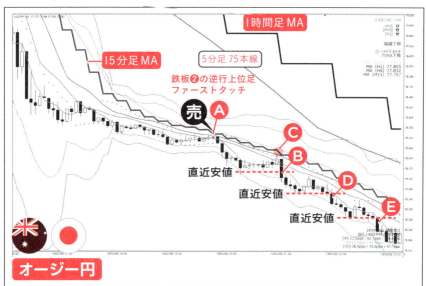

この場合、Aのポイントの「右肩下がりの15分足MAにファーストタッチしたところ」は絶好の逆張りショートのポイントになります。

さらに、その後の陰線が直近安値ラインBを下回ったところも追撃売りのチャンスといえます。

下げトレンドが強い場面では、多少、戻しても、図のCのポイントのように上値にある上位足MAまで届かずに反転下落するケースも多くなります。そんなとき、ショートでエントリーするポイント探しに使えるのが直近安値ラインです。

図のオージー円でも、値動きが直近のレンジ下限や安値を下回ると、下落が加速するので、安値ラインD、Eを割り込んだ地点は新たに売りでエントリーしやすいポイントといえるでしょう。

その場合、安値ラインをローソク足が終値ベースで上抜けたら損切り、5分足の5本MAを上抜けない限り、利益確定しない、という売買プランで臨めば、このだらだらした下落からこつこつ利益を積み上げることができたでしょう。

オージー最強のときのオージーテクニカルも見ておこう

ここまではオージー最弱バージョンのオージーテクニカルを2つ紹介しましたが、最後にオージー最強バージョンもご覧いただきましょう。

次ページの**図5-10**は、2019年1月5日、NY市場中心の深夜1時10分頃から始まったオージーシリーズ4通貨ペアの値動きです。

普段は難解な展開になりがちな夜のNY時間ですが、オージーテクニカルが揃っているときだけに絞って、その方向性に順張りで臨むと非常に勝率がいいことは経験済み。NY時間のオージーテクニカルは、僕の得意技の一つになっています。

図を見てもわかるように、オージー円・オージードルが上昇、ユーロオージー、ポンドオージーは下落と、相関・逆相関がぴったりはまって、豪ドル最強バージョンのオージーテクニカルが発生しています。

第5章　豪州のお宝ハンター！　及川式・上級編「オージーテクニカル」　163

図5-10 NY時間深夜に発生した強気オージーテクニカル

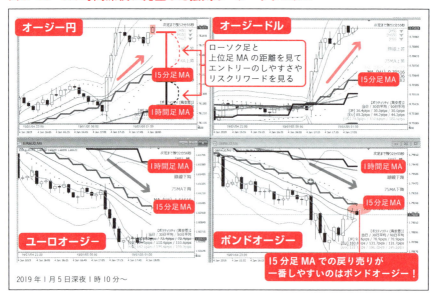

どうして発生したのかは詳しくはわかりません（笑）。

ただ、豪ドルは基本、マイナー通貨なので、なにかオーストラリアに関するニュースが出ないと図のように全通貨に対して最強を誇示できるような"FX市場の主役"になることは稀です。なので、きっと、なにかニュースが出たんでしょう。

どんなニュースが出たかはともかく、図5-10の時点で**見るべきなのは、当然、どの通貨ペアを取引したら、最もリスクリワードの合ったトレードができるか**、ということ。

現状のローソク足と各チャートの15分足MAの距離、15分足MAと1時間足MAの距離（間隔）に注目してください。

一番近くにあって手掛けやすそうなのは、急落後にいったん反転上昇して、15分足MAにすでにタッチしたポンドオージーになります。

売買イメージとしては、急落後に「15分足MAにファーストタッチしたところで逆張りのショートを入れる」という第4章の鉄板②で決まり。

164

ここまで本書をお読みの皆さんなら、すぐにピンとくる売買プランといえますね。結局、**なんやかんだいって、オージーテクニカルが発生しているときは、ポンドオージーが一番手掛けやすい**。これ、オージーテクニカルを発明した僕、及川の経験に基づく法則です。

　では、ポンドオージーはその後、どうなったのか？
　それを示したのが**図5-11**です。
　図の売りポイントで、上ヒゲ陰線が15分足MAにタッチしたところでエントリー。1時間足MAは少し離れすぎているので、売買根拠になった15分足MAをローソク足の実体が完全に越えたら損切りする、というプランがいいでしょう。
　対する利益目標は当初は直近安値に設定しておけば、リスクリワード的にも超"おいしい取引"といえました。
　ただ、結果はそこまで届かず、ボリンジャーバンドの中央に位置する5

図5-11　ポンドオージーショートのエントリー&利確ポイント

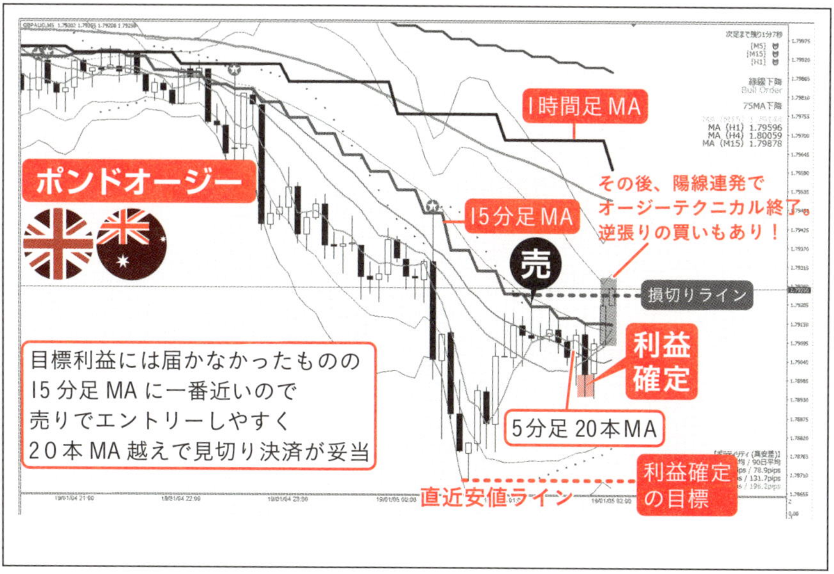

第5章　豪州のお宝ハンター！　及川式・上級編「オージーテクニカル」　　165

分足の20本MAとからみ合ったあたりで、下ヒゲの長い陽線が出たあと、次の陰線がまたも下ヒゲで終わりそうになりました。
　MAも右肩上がりですし、この下ヒゲ連発は、第3章で触れた「上ヒゲ2本続いたら早逃げ」の逆バージョン「下ヒゲ2本続いたら早逃げ」シグナルになりますので、僕ならこのポイントで利益確定します。
　その後、ポンドオージーは15分足MAを飛び越えて上昇。
　豪ドル最強バージョンのオージーテクニカルは終了しました。

　図5-12はオージーテクニカル発生から約1時間が経過した深夜2時の4通貨ペアの推移です。
　オージー円、オージードルはいまだ上昇モードですが、ユーロオージーが横ばい、ポンドオージーが上昇含みとなり、相関・逆相関の効きが悪くなっているのが明らかです。こうなったら、オージーテクニカルはおしまい、おしまい。深夜2時といえば、ロンドン市場など欧州のトレーダーが

図5-12　その後、深夜2時のオージーテクニカルの推移

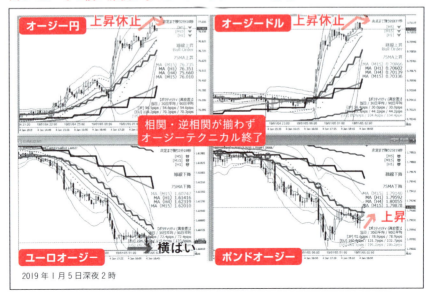

トレードをやめて家路につく時間帯。そうなると、ユーロがらみ、ポンドがらみの取引は極端に鈍くなります。

当然、日本のFXトレーダーの多くもスヤスヤ眠りについているはずなので、市場参加者はますます少なくなるばかり。テクニカルの効きも悪くなる時間帯ですので、ここからの深追いは禁物です。

マイナー通貨オージーが"いきなり主役"になるときだけ狙う

オージーに関しては4つの通貨ペアの相関・逆相関が効いている間は順張りで攻めて攻めて、攻めまくって正解です。テクニカルが終了したな、と思ったら、その後は逆張りに賭けてもいいでしょう。

とはいえ、僕が頻繁に売買するポンドオージーなんて、日本の投資家からすると、その存在を考えたこともないぐらいマイナーな通貨ペアといえます。

実際、普通にネット上からダウンロードするMT4の標準通貨ペアにはポンドオージー（GBPAUD）は採用されていないほどです。

でも、海外のFX会社や一部の国内FX会社なら、ポンドオージーも取り扱っています。オージーシリーズの中では、最も値動きが大きくて、手掛けやすい通貨ペアなのでぜひトライしてみてください。

ちなみに、そうはいっても豪ドルはマイナー通貨。

オージーテクニカルが揃っていないときは、取引はしないほうがいい、取引するのはあくまでオージーテクニカルの相関・逆相関がガチガチに揃っているときだけ、というのが"大前提"だということは忘れないでくださいね。

第5章　豪州のお宝ハンター！　及川式・上級編「オージーテクニカル」　167

図5-13　欧州市場開始20分前、オージーシリーズが揃ってない例

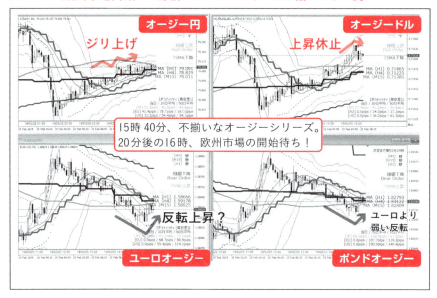

　図5-13はある日の午後15時40分時点の4通貨ペアの5分足チャート。

　欧州・冬時間の15時40分は、東京市場が終わりかかり、16時の欧州市場オープン（冬時間）まで時間がある、中途半端な時間帯です。そのせいかオージー円は横ばい、オージードルはやや上昇、ユーロオージー、ポンドオージーは下落からちょい上げ、と相関・逆相関の関係が揃っていません。

　ただ、ここから16時の欧州市場オープン以降、どんな値動きになるかは楽しみ。というのも、図の左側のゾーン、午前中の10時から12時にかけては、かなり派手な豪ドル最弱バージョンのオージーテクニカルが発生していました。その流れは東京時間の午後にかけて打ち消され、ゆるやかな揺り戻しの動きが続いていますが…。

　16時の欧州時間スタートで、またまた豪ドル最弱バージョンのオージーテクニカルが発生するかどうか？　そういった視点で見ていくと、たとえ揃っていない状態でも、次の展開が楽しみ、楽しみになるはず。

　及川式FX秘伝のワザ・オージーテクニカルはとっても奥深いんです！

終章

10年以上 FX やって至った真実

稼げる人と、稼げない人の
わずかな差とは？

ここまで読んでくれた方
サンキュ・ベリマッチっす!

FXが今も一攫千金を狙う最強ツールである理由

　駆け足で及川式FXを紹介しました。

　初心者の方には「ユーロポンド」だの「相関シリーズ」だの「時間帯」だの、今まで聞いたことのないような用語がポンポン飛び出して、少し、頭がくらくらしてしまった人もいるかもしれません。

　FXの話をしたら、僕は本当に止まらなくなってしまいます。

　5時間でも10時間でも、朝になってお日様が昇るまで、えんえんと語り続けてしまうんです。

　人生七転び八起きといわれますが、人生で6回無一文になった僕にとってFXは救いの女神様でした。

　僕にとって、FXは、長年連れ添った女房の次?、いやそれ以上に!?、相性のいい"友達"になりました。

　思い返すと、僕がFXを始めた2007年といえば、いったん為替市場にトレンドが出ると、そのトレンドがかなり長い間、ずっと続くような、とても"やりやすい相場"が続いていました。

　ポンド円を100万通貨買いっぱなしにして、一晩寝かせて、朝起きてみたら、100pips、つまり100万円獲れていた! なんて"ごちそう"がそこかしこに落ちていました。

　しかし、FXがブームになって多くの個人投資家が参入してくると、小口投資家を狙ったプロの大口投資家の参入もあり、相場はどんどん難しくなっていきました。

　特に、「ミセス・ワタナベ」の代名詞になった、さる女性投資家がFXで得た巨額の利益を脱税したというニュースが流れて以降、「FXってそんな

に稼げるのか！ だったら俺もやってみよう」という人たちが大挙して新規参入。一種のFXバブルが起こって、相場が乱高下を繰り返すようになったのを覚えています。

　最初は4時間足と15分足を使ったスイング取引で稼いでいた僕も、このままじゃヤバイと、5分足チャート主体でなるべくノーポジでいられる時間が長い超・短期デイトレードにシフトチェンジしていくことになります。

　このシフトチェンジは、なにかとせっかちで、見切りも速い僕のトレード気質にとっては「大吉」と出たような気がします。

　それから、もう10年近く、年間1億円超の利益をコンスタントに上げ続けることができています。

金融商品のバブル崩壊はこれからも起こる

　大量の個人投資家が市場に参入して、バブルが発生し、その後、相場が大きく崩れる例は、2006年の日本株の新興市場で起こったライブドアショックもそうです。ぶっちゃけ、僕も巻き込まれて痛い目をみました。

　2017年の年末には、ビットコインが史上最高値をつけたり、出川哲郎さんが出演するコインチェックのCMがバンバン、テレビで流された影響もあって、仮想通貨バブルも起こりました。

　しかし、バブルの命は短いもの。仮想通貨は翌2018年1月に発生したコインチェック社の仮想通貨盗難事件で一気にはじけた感があります。

　金融市場では過去にも、今も、これからもバブルが起こり、そのバブルが無残にもはじける、天国と地獄のドラマが何度も何度も繰り返されるんでしょう。

　そんな中にあって、**買いでも売りで自由自在に儲けられ、海外口座ならいまだに500倍超のレバレッジも自由自在にかけられるFXは、一攫千金を狙うツールとしては、まだまだ非常に魅力的**です。

　ある意味、バブル崩壊に滅法強い投資ジャンル、それがFXなのです。

FX市場で生き残り、生活するだけのお金を稼ぎ、できれば1億円を越えるような利益をずっと叩き出す！

　そのためには、やっぱり、**努力と鍛錬を怠らず、自分なりに必死に考えて、**「これぞ、MY・FX・STYLE」**といえるものを構築する必要があります。**

FXのトレード技術に差が出る理由とは？

　僕が顔出しで「FXトレードの講師」を始めてから丸4年が経ちました。この間、相当な人数の人たちとやりとりをしてきたわけですが、こと「トレード成績」だけに話を限ると、

A　あきれるほど稼げるようになった人
B　まずまず稼げるようになった人
C　イマイチ成績が伸びない人
D　結局、勝てないまま諦めてしまった人

　というように、どうしても「差」が生じてしまうのが偽らざる現実です。「A」の中には、30万円の元手資金をたった2年で2億円以上に増やした人をはじめ、「億超え」の猛者が何人もいます。

　けれども、その一方では、ついに思うように勝てぬまま相場を去る「D」のような人も正直、少なくないわけです。

「この差、この違いっていったい、なんだろう？」って話ですよね。

　結局「才能」なのか？

　それとも「運」なのか？

　いやいや、「たゆまぬ努力の賜物」なのか？

　あなたはどう思います？

　これまで多くの受講生さんを観てきた僕の印象なのですが、**「D」の人に目立つ特徴として「聖杯を求める傾向」を強く感じています。**

　イメージとしては、こんな感じ。

172

● 「これ」さえやっていれば勝てるっていう手法を教えて！
● 絶対に負けない手法を教えて！
● もっとカンタンに勝てる方法ない？
● いろんなこと、いってないで「絶対勝てる一個」だけ教えて！
● てか、もうめんどくさいから、アンタ代わりにトレードしてくんない？

　このお話をすると、「そんな人、本当にいるの？」っていわれるのですが、正直なところ、結構多いんですよ（笑）。
　で、ですね、そんな「D」の人ほど、実にさまざまな教材やインジケーターなどを山ほど買ったりしているわけです。
　あ、教材やインジケーターをいろいろ買って試すこと自体については、なんら問題をありません。問題なのは、せっかくお金を出して買ったそれらをしっかり検証しないまま、ちょっと試してはすぐに「ポイ」しちゃう部分じゃないかな、と。
　そんでもって、また新たに発売された別の「教材」や「先生」のとこに行く、みたいな。これ、さすがにもったいないですよね。
　僕は他人様の教材を買ったことはありませんが、もし買った教材やインジケーターがイマイチなモノだったら、「どこがどうダメなのか？」を逆にしっかり理解したいと思うはずです。
「勝てない理由」「使い物にならない理由」「ポンコツな理由」…これらを、もろもろ分析することで、結果、「どうやれば勝ちやすくなるのか？」が見えてくるような気がするんですよね。
　ちなみに僕自身、セミナーを受講してくださる方々に対して、さまざまな「手法」をお教えしています。
　けど、相場って生き物みたいなもので、利食いや損切りのタイミングはどうしたって現場ごとの判断にならざるをえません。
　また、取り組む人の性格の違いなどもありますので、たとえ、同じ手法でトレードした場合であっても、「結果」がまったく同じになることはまずないと思います。

これって、僕にとっては、野球のピッチャーに「カーブの投げ方」を教えるのと、とても似てるイメージなんです。

ボールの握り方や投げ方はコーチから教えることができますが、実際に投げるのは「教わった側」です。

最初から上手く投げられる人もいれば、感覚をつかむまで時間がかかる人もいるでしょう。

また、ある程度ちゃんと投げられるようになったら、実際に本番の試合で試してみることになるわけですが、その試合自体、天候その他のコンディションが毎度毎度異なるため、それらを勘案した「微調整」が随時、必要となる…。

このたとえって、まさに「FXのトレードそのもの」ではないでしょうか。「カーブ」だろうが「フォークボール」だろうが、その**投げ方は他人に教わったとしても、結局、実際の試合で投げるのは自分**だってことです。この厳然たる事実を、どのくらい認識できているか?

これって、トレードの成功に置き換えた際、極めて重要な部分だと思うんですよね。

「アンタに教わった投げ方で投げたけど、全然カーブ、曲がらなかったじゃねーかよ!」こんなクレームをコーチにいうピッチャーがいたとして、それってどうなの?　って話ですよね。

人生にもFXにも必要な「あなたらしさの追求」

「カーブ」の話を引っ張って恐縮ですが、もう少しいわせていただきますと、握り方や投げ方を同じように教わった人同士でも、実際に投げてみると、人によって曲がり方が違ったりします。

それが良いも悪いも「その人の個性」だと僕は思うわけです。

つまり、**FXトレードも、最後は「自分らしさの追求」**だってこと。

今後、あなたが誰かの「手法」を教わったり、真似したり、盗んだとして、そこですべてが完結することはありません。

174

そこに「あなたらしさ」というスパイスを加えることで、初めて「あなたの手法」になるんです。

「あなたらしさ」を追求できないと、己のトレードスタイルの確立までは到底、たどり着けません。他人とは違う、自分独自のトレードスタイルを確立してこそ、結果、勝てるのではないでしょうか。

本書で紹介した考え方や手法は、及川式FXのごくごく一部です。

本当はあと200ページぐらい及川式FXについて、詳細に、手取り足取り解説したいですが、それは難しい！

及川式FXの教則集「天才チャート」（インジケーターとは別のもの）のPDFは実に400ページにも及び、本書で紹介できたのは土台の部分です。

もっともっと及川式FXのことを知りたいと思われる方は、僕が日々、YouTubeにアップしている実録トレード動画や、僕が凄腕のFX仲間と作った「FXism」のセミナーなどに試しに参加してみてください。

僕は教え上手。これは僕の自慢です。

　　　　　　　　　　　　　　　令和元年六月吉日　及川圭哉

及川圭哉（おいかわ・けいすけ）

◎ガチプロ FX トレーダー、"デイトレ" スペシャリスト。常勝トレーダー集団、"FXism"
主宰者。

◎FX 歴は 2007 年以来の 10 年超。10 通貨ペアの値動きを比較し、ユーロ・ポンド・
ドルの相関関係を分析する独自の投資手法を構築、"億超え" の資産を築く。2014 年、
FX 動画のチャンネルを YouTube に設立、デイトレの様子をリアル配信する画期的
な内容で、チャンネル登録数を伸ばし続けている。

◎FXism 受講生のなかには、3 年で 4 億円を稼いだ猛者も輩出され、「この人はぶっちゃ
け、僕より稼いでいる…」と苦笑しつつも、「僕の教え上手が実証された」と喜んで
いる。「生涯、いちトレーダー」をモットーに、投資技術を磨くため、現在もトレー
ドの様子はガチ公開中。

ガチ速 FX　27 分で 256 万を稼いだ "鬼デイトレ"

2019 年 6 月 7 日　　初版発行
2019 年 7 月 29 日　　6 刷発行

著　者　及　川　圭　哉

発行者　常　塚　嘉　明

発行所　株式会社　ぱる出版

〒 160 - 0011　　東京都新宿区若葉 1 - 9 - 16
03（3353）2835 ─代表　03（3353）2826 ─ FAX
03（3353）3679 ─編集
振替　東京 00100 - 3 - 131586
印刷・製本　中央精版印刷株式会社

© 2019　Keisuke Oikawa

落丁・乱丁本は、お取り替えいたします

Printed in Japan

ISBN978-4-8272-1181-8　C0033